連結ワークシートを使って解答してみよう

x9年３月期（x8年４月１日からx9年３月31日まで）の［資料］にもとづいて，連結修正に関する仕訳および連結財務諸表の各勘定科目の金額を答えなさい。 Hint!

［資　料］

Ｐ社はx2年４月１日にＳ社の発行済株式総数の80％を358,000千円⑤で取得して支配を獲得した。

x2年４月１日のＳ社の純資産の部

資　本　金　400,000千円①　　資本剰余金　30,000千円②　　利益剰余金　10,000千円③

x9年３月31日のＳ社の純資産の部

資　本　金　400,000千円　　資本剰余金　30,000千円　　利益剰余金　99,000千円⑬

のれんは定額法（15年）で償却する。Ｓ社は当期に配当5,000千円⑭と当期純利益20,000千円⑮を計上し，その中にはＰ社が現在も保有している土地に関する土地売却益1,000千円㉒が含まれている。

連結ワークシートと作成手順

	支配獲得日 x2.4.1		連７首 x8.4.1			連７末 x9.3.31
資　本　金	400,000①		400,000①			
資本剰余金	30,000②		30,000②		(△1,000)⑳	
利益剰余金	10,000③	→	84,000⑯	配△5,000⑭	△4,000⑲	→ 99,000⑬
		+74,000㉕		当＋20,000⑮	(＋4,000)㉑	
	440,000④	(＋14,800)㉖	514,000⑰		(△200)㉓	
80％	358,000⑤		↓×20％			
	352,000⑥	(88,000)⑦	(102,800)⑱			(105,600)㉔
の　れ　ん	6,000⑧	△400⑨×6	3,600⑩		△400⑪	3,200⑫

①②③の合計④に80％（親会社持分割合）を乗じて⑥，④に20％（非支配株主持分割合）を乗じて⑦を求める。⑤と⑥の差額で⑧，⑧÷15年で⑨，⑧と⑨×過去６期分の差額で⑩，⑩と⑪の差額で⑫を求める。

⑬から⑭と⑮の逆算（⑬＋⑭－⑮）で⑯，①②⑯の合計⑰に20％を乗じて⑱を求めた後，⑯以外の数字を用いて投資と資本の相殺消去の仕訳を作成する。⑭に80％を乗じて⑲，⑭に20％を乗じて⑳，⑮に20％を乗じて㉑を求める。

アップ･ストリームの取引㉒の未実現利益に20％を乗じた数値㉓を追加する。⑱－⑳＋㉑－㉓より㉔を求める。なお，余裕があれば，③と⑯の差額㉕に20％を乗じて㉖を求め，⑦と㉖の合計が⑱と，③㉖⑨×6（2,400）の合計が※の部分と一致するか確認する。

［解　答］連結修正に関する仕訳

投資と資本の相殺消去（まとめ）

（借）	資本金当期首残高	400,000①	（貸）	子　会　社　株　式	358,000⑤
	資本剰余金当期首残高	30,000②		非支配株主持分当期首残高	102,800⑱
	利益剰余金当期首残高	27,200※			
	の　れ　ん	3,600⑩		※貸借差額	

配当金の修正

（借）	受　取　配　当　金	4,000⑲	（貸）	剰　余　金　の　配　当	5,000⑭
	非支配株主持分当期変動額	1,000⑳			

Ｓ社当期純利益の非支配株主持分への振り替え

（借）	非支配株主に帰属する当期純利益	4,000㉑	（貸）	非支配株主持分当期変動額	4,000㉑

のれんの償却

（借）	の　れ　ん　償　却	400⑪	（貸）	の　れ　ん	400⑪

未実現利益の修正（固定資産）アップ・ストリーム

（借）	土　地　売　却　益	1,000㉒	（貸）	土　地	1,000㉒
	非支配株主持分当期変動額	200㉓		非支配株主に帰属する当期純利益	200㉓

連結財務諸表の各勘定科目の金額　（単位：千円）

連結貸借対照表	金　額	連結損益計算書	金　額
の　れ　ん	3,200⑫	の れ ん 償 却	400⑪
非支配株主持分	105,600㉔	非支配株主に帰属する当期純利益	3,800㉑㉓

ウォーミングアップ

1 x4年3月期（x3年4月1日からx4年3月31日まで）の［**資料**］にもとづいて，⑴連結ワークシート［非支配株主持分として処理する金額については（　　）も付すこと］，⑵連結修正に関する仕訳，⑶連結財務諸表の各勘定科目の金額を答えなさい。

［資　料］

① Ｐ社はx0年3月31日にＳ社の発行済株式総数の70％を277,000千円で取得して支配を獲得した。

x0年3月31日のＳ社の純資産の部

資　本　金　300,000千円　　資本剰余金　60,000千円　　利益剰余金　30,000千円

x4年3月31日のＳ社の純資産の部

資　本　金　300,000千円　　資本剰余金　60,000千円　　利益剰余金　88,000千円

② のれんは定額法（10年）で償却する。

③ Ｓ社は，当期に総額7,000千円の配当を実施し，当期純利益は15,000千円であった。

④ 当年度末にＰ社が保有する商品のうちＳ社から仕入れた商品は8,800千円（10％の利益が付加されている）であった。なお，Ｐ社の期首商品の商品残高には，Ｓ社から仕入れた商品は含まれていなかった。

2 x7年3月期（x6年4月1日からx7年3月31日まで）の［**資料**］にもとづいて，連結財務諸表の各勘定科目の金額を答えなさい。

［資　料］

① Ｐ社はx4年3月31日にＳ社の発行済株式総数の70％を220,000千円で取得して支配を獲得した。

x4年3月31日のＳ社の純資産の部

資　本　金　250,000千円　　資本剰余金　40,000千円　　利益剰余金　20,000千円

x7年3月31日のＳ社の純資産の部

資　本　金　250,000千円　　資本剰余金　40,000千円　　利益剰余金　75,000千円

② のれんは定額法（20年）で償却する。

③ Ｓ社は支配獲得後に配当を行っておらず，当期純利益は20,000千円を計上している。

④ Ｓ社は当期中に土地（帳簿価額22,000千円）を，Ｐ社に対して24,000千円で売却し，Ｐ社はこの土地を当年度末時点においても保有している。

3 次のＰ社およびＳ社間の債権債務残高および取引高の資料より，連結修正に関する仕訳を答えなさい。なお，Ｐ社は支配目的でＳ社の発行済株式総数の50％超を取得している。

Ｐ社からＳ社		Ｓ社からＰ社	
売掛金	48,000千円	買掛金	48,000千円
貸付金	10,000千円	借入金	10,000千円
未収入金	2,000千円	未払金	2,000千円
未収収益	300千円	未払費用	300千円
売上高	76,000千円	仕入（売上原価）	76,000千円
受取利息	800千円	支払利息	800千円

4 次の問題文より，連結修正に関する仕訳を答えなさい。なお，Ｐ社は支配目的でＳ社の発行済株式総数の80％を取得し，(1)〜(8)は別々の取引と仮定して処理すること。また，勘定科目は次の中から最も適当と思われるものを選び，正確に記入すること。

勘定科目群

売掛金	貸倒引当金	商品	土地
支払手形	買掛金	短期借入金	売上原価
貸倒引当金繰入	支払利息	手形売却損	土地売却損
利益剰余金当期首残高	非支配株主持分当期首残高	非支配株主持分当期変動額	非支配株主に帰属する当期純利益

(1)　Ｐ社は当年度中に土地（帳簿価額55,000千円）を，Ｓ社に対して50,000千円で売却している。

(2)　Ｐ社は過年度において，土地（帳簿価額44,000千円）を，Ｓ社に対して40,000千円で売却していた。

(3)　Ｓ社は過年度において，土地（帳簿価額75,000千円）を，Ｐ社に対して78,000千円で売却していた。

(4)　前年度末と当年度末にＳ社が保有する商品のうちＰ社から仕入れた商品は，それぞれ56,000千円と65,000千円であった。なお，Ｐ社がＳ社に対して販売する商品の売上総利益率は毎期30％である。

(5)　前年度末と当年度末にＰ社が保有する商品のうちＳ社から仕入れた商品は，それぞれ37,950千円と33,350千円であった。なお，Ｓ社はＰ社への商品販売時に，毎期，その商品の調達価格の15％の利益を加えた価格で販売している。

(6)　Ｐ社は，Ｓ社が振り出した約束手形のうち20,000千円を連結外部の銀行で割り引き，手形売却損500千円を計上している。

(7)　Ｐ社は売掛金期末残高に対して毎期２％の貸倒引当金を設定している。売掛金期末残高のうち80,000千円がＳ社に対するもので，個別損益計算書における販売費及び一般管理費に含まれている貸倒引当金繰入額はＰ社4,600千円，Ｓ社2,700千円である。なお，Ｐ社の期首貸倒引当金残高には，Ｓ社に対する貸倒引当金1,200千円が含まれていた。

(8)　Ｓ社は売掛金期末残高に対して毎期３％の貸倒引当金を設定している。売掛金期末残高のうち90,000千円がＰ社に対するもので，個別損益計算書における販売費及び一般管理費に含まれている貸倒引当金繰入額はＰ社8,800千円，Ｓ社3,800千円である。なお，Ｓ社の期首貸倒引当金残高には，Ｐ社に対する貸倒引当金2,100千円が含まれていた。

基本問題　1

／20

次の［資料］にもとづいて，x3年度（x3年４月１日からx4年３月31日まで）の連結精算表（連結貸借対照表，連結損益計算書と連結株主資本等変動計算書の部分）を作成しなさい。

［資　料］

1．P社はx3年３月31日に，S社の発行済株式総数の80％を250,000千円で取得し，支配を獲得した。

2．x3年３月31日のS社の貸借対照表上には，資本金200,000千円，資本剰余金90,000千円，利益剰余金10,000千円が計上されていた。

3．のれんは発生年度の翌年から10年にわたり定額法により償却する。

4．S社は繰越利益剰余金を財源に3,000千円の配当を当期に実施した。

5．S社の当期純利益9,000千円のうち，非支配株主持分への振り替えを行う。

6．当期よりP社はS社に商品を掛けで販売している。P社のS社への売上高は500,000千円であり，売上総利益率は30％である。

7．S社はP社から仕入れた商品のうち，80,000千円が期末商品棚卸高に含まれている。

8．P社の売掛金のうち50,000千円はS社に対するものである。P社は売上債権期末残高に対して４％の貸倒引当金を差額補充法により設定している。

9．P社の貸付金は，当期首にS社に対して期間３年，利率年１％，利払日３月末日の条件で貸し付けたものである。

基本問題　2

/ 20

次の［資料］にもとづいて，x6年度（x6年4月1日からx7年3月31日まで）の連結精算表（連結貸借対照表，連結損益計算書と連結株主資本等変動計算書の部分）を作成しなさい。

［資　料］

1．P社はx4年3月31日にS社の発行済株式総数の70%を200,000千円で取得して支配を獲得し，それ以降S社を連結子会社として連結財務諸表を作成している。x4年3月31日のS社の純資産の部は，次のとおりであった。

資本金	200,000千円
資本剰余金	40,000千円
利益剰余金	20,000千円

S社は支配獲得後に配当を行っておらず，また，のれんは20年にわたり定額法により償却を行っている。

2．P社およびS社間の債権債務残高および取引高は，次のとおりであった。

P社からS社		S社からP社	
売掛金	170,000千円	買掛金	170,000千円
貸付金	120,000千円	借入金	120,000千円
未収入金	16,000千円	未払金	16,000千円
未収収益	1,800千円	未払費用	1,800千円
売上高	720,000千円	仕入（売上原価）	720,000千円
受取利息	3,000千円	支払利息	3,000千円

3．当年度末にS社が保有する商品のうちP社から仕入れた商品は90,000千円であった。P社がS社に対して販売する商品の売上総利益率は30%であった。なお，S社の期首商品の商品残高には，P社から仕入れた商品は含まれていなかった。

4．S社は当年度中に土地（帳簿価額60,000千円）を，P社に対して72,000千円で売却した。

基本問題　3

／20

次の［資料］にもとづいて，x3年３月期（x2年４月１日からx3年３月31日まで）の連結精算表（連結貸借対照表，連結損益計算書と連結株主資本等変動計算書の部分）を作成しなさい。

［資　料］

1．Ｐ社はx0年３月31日にＳ社の発行済株式総数の80％を70,000千円で取得して支配を獲得し，それ以降Ｓ社を連結子会社として連結財務諸表を作成している。x0年３月31日のＳ社の純資産の部は，次のとおりであった。

資　本　金　　50,000千円
資本剰余金　　10,000千円
利益剰余金　　15,000千円

Ｓ社は支配獲得後に配当を行っておらず，また，のれんは20年にわたり定額法により償却を行っている。

2．Ｐ社およびＳ社間の債権債務残高および取引高は，次のとおりであった。

Ｐ社からＳ社		Ｓ社からＰ社	
売掛金	30,000千円	買掛金	30,000千円
貸付金	10,000千円	借入金	10,000千円
未収入金	3,000千円	未払金	3,000千円
未収収益	400千円	未払費用	400千円
売上高	230,000千円	仕入（売上原価）	230,000千円
受取利息	500千円	支払利息	500千円

3．当年度末にＳ社が保有する商品のうちＰ社から仕入れた商品は30,000千円であった。Ｐ社がＳ社に対して販売する商品の売上総利益率は30％であった。なお，Ｓ社の期首商品の商品残高には，Ｐ社から仕入れた商品は含まれていなかった。

4．Ｐ社は売掛金期末残高240,000千円に対して２％の貸倒引当金を設定しているが，売掛金期末残高のうち30,000千円がＳ社に対するものである。なお，前期まではＳ社に対する貸倒引当金は設定していなかった。

5．Ｓ社は当年度中に土地（帳簿価額15,000千円）を，Ｐ社に対して18,000千円で売却した。

基本問題　4

/ 20

次の［資料］にもとづいて，**x8年度（x8年4月1日からx9年3月31日まで）**の連結精算表（連結貸借対照表，連結損益計算書と連結株主資本等変動計算書の部分）を作成しなさい。

［資　料］

1．P社はx4年3月31日にS社の発行済株式総数の80％を500,000千円で取得して支配を獲得し，それ以降S社を連結子会社として連結財務諸表を作成している。x4年3月31日のS社の純資産の部は，次のとおりであった。

資　本　金　　400,000千円
資本剰余金　　 80,000千円
利益剰余金　　120,000千円

2．S社は繰越利益剰余金を財源に20,000千円の配当を当期に実施した。

3．のれんは発生年度の翌年から20年にわたり定額法により償却を行っている。

4．P社およびS社間の債権債務残高および取引高は，次のとおりであった。

P社からS社		S社からP社	
買掛金	200,000千円	売掛金	200,000千円
貸付金	240,000千円	借入金	240,000千円
未収入金	72,000千円	未払金	72,000千円
未収収益	3,600千円	未払費用	3,600千円
仕入（売上原価）	1,440,000千円	売上高	1,440,000千円
受取利息	6,000千円	支払利息	6,000千円

5．当年度末にP社が保有する商品のうちS社から仕入れた商品は80,000千円であった。S社がP社に対して販売する商品の売上総利益率は30％であった。なお，P社の期首商品の商品残高には，S社から仕入れた商品は含まれていなかった。

6．S社は売掛金期末残高880,000千円に対して2％の貸倒引当金を設定しているが，売掛金期末残高のうち200,000千円がP社に対するものである。なお，前期まではP社に対する貸倒引当金は設定していなかった。

7．P社は当年度中に土地（帳簿価額120,000千円）を，S社に対して144,000千円で売却した。

基本問題　5

／20

次に示した［資料Ⅰ］～［資料Ⅲ］にもとづいて，答案用紙の連結財務諸表を作成しなさい。なお，当期はx5年４月１日からx6年３月31日までの１年間である。

［資料Ⅰ］

1．P社はx0年３月31日にS社の発行済株式総数の70％を300,000千円で取得して支配を獲得し，それ以降S社を連結子会社として連結財務諸表を作成している。なお，P社のS社に対する持分の変動はない。x0年３月31日のS社の貸借対照表上には，資本金300,000千円，資本剰余金30,000千円，利益剰余金20,000千円が計上されていた。

2．のれんは発生年度の翌年から10年にわたり定額法により償却を行っている。

［資料Ⅱ］x6年３月期のP社およびS社の個別財務諸表

貸　借　対　照　表

x6年３月31日　　　　（単位：千円）

資　産	P　社	S　社	負債・純資産	P　社	S　社
諸資産	1,710,000	470,000	諸負債	520,000	331,000
売掛金	400,000	200,000	買掛金	180,000	99,000
貸倒引当金	△　12,000	△　6,000	資本金	900,000	300,000
商品	402,000	186,000	資本剰余金	400,000	30,000
S社株式	300,000	―	利益剰余金	800,000	90,000
	2,800,000	850,000		2,800,000	850,000

損　益　計　算　書

x5年４月１日～x6年３月31日　　　（単位：千円）

	P　社	S　社
売上高	3,860,000	2,022,000
売上原価	2,520,000	1,520,000
売上総利益	1,340,000	502,000
販売費及び一般管理費	544,000	432,000
営業利益	796,000	70,000
営業外収益	28,000	7,000
営業外費用	14,000	5,000
経常利益	810,000	72,000
特別利益	60,000	―
税引前当期純利益	870,000	72,000
法人税等	260,000	22,000
当期純利益	610,000	50,000

株主資本等変動計算書

x5年4月1日～x6年3月31日　　　(単位：千円)

	資本金		資本剰余金		利益剰余金	
	P 社	S 社	P 社	S 社	P 社	S 社
当期首残高	900,000	300,000	400,000	30,000	390,000	70,000
当期変動額　剰余金の配当	―	―	―	―	△ 200,000	△ 30,000
当期純利益	―	―	―	―	610,000	50,000
当期末残高	900,000	300,000	400,000	30,000	800,000	90,000

[資料Ⅲ] 連結会社間での取引

1．連結会社間の債権・債務の相殺消去

　P社は売掛金期末残高400,000千円に対して3％の貸倒引当金を設定しており，売掛金期末残高のうち50,000千円がS社に対するもので，個別損益計算書における販売費及び一般管理費に含まれている貸倒引当金繰入額はP社10,000千円，S社4,800千円である。なお，前期まではS社に対する貸倒引当金は設定していなかった。

2．連結会社間の内部取引高の相殺消去

　P社は当年度中にS社に対して商品を販売しており，その売上高は980,000千円である。S社のP社からの商品仕入高は980,000千円である。

3．未実現利益の修正（商品）

　P社は当年度中にS社に対して仕入金額の10％の利益を付加して商品を販売しており，S社はP社から仕入れた商品を外部へ販売している。x6年3月31日にS社が保有する期末商品のうち，P社から仕入れた金額は66,000千円である。なお，S社の期首商品の商品残高には，P社から仕入れた商品は含まれていなかった。

4．未実現利益の修正（土地）

　P社は当年度中に諸資産に含まれている土地（帳簿価額100,000千円）を，S社に対して120,000千円で売却した。

基本問題　6

/ 20

次に示した［資料Ⅰ］～［資料Ⅲ］にもとづいて，答案用紙の連結財務諸表を作成しなさい。なお，当期はx8年４月１日からx9年３月31日までの１年間である。

［資料Ⅰ］

1．Ｐ社はx3年３月31日にＳ社の発行済株式総数の70％を337,000千円で取得して支配を獲得し，それ以降Ｓ社を連結子会社として連結財務諸表を作成している。なお，Ｐ社のＳ社に対する持分の変動はない。x3年３月31日のＳ社の貸借対照表上には，資本金280,000千円，資本剰余金80,000千円，利益剰余金100,000千円が計上されていた。

2．のれんは発生年度の翌年から15年にわたり定額法により償却を行っている。

［資料Ⅱ］ x9年３月期のＰ社およびＳ社の個別財務諸表

貸借対照表

x9年３月31日　（単位：千円）

資産	Ｐ社	Ｓ社	負債・純資産	Ｐ社	Ｓ社
現金預金	866,600	411,400	買掛金	405,000	220,000
売掛金	620,000	380,000	未払法人税等	70,000	10,000
貸倒引当金	△　18,600	△　11,400	借入金	—	80,000
商品	320,000	80,000	資本金	800,000	280,000
貸付金	100,000	—	資本剰余金	390,000	80,000
Ｓ社株式	337,000	—	利益剰余金	560,000	190,000
	2,225,000	860,000		2,225,000	860,000

損益計算書

x8年４月１日～x9年３月31日　（単位：千円）

費用	Ｐ社	Ｓ社	収益	Ｐ社	Ｓ社
売上原価	1,950,000	867,000	売上高	2,882,000	1,265,000
販売費及び一般管理費	578,000	336,000	営業外収益	38,000	25,000
営業外費用	30,000	24,000			
法人税等	120,000	19,000			
当期純利益	242,000	44,000			
	2,920,000	1,290,000		2,920,000	1,290,000

株主資本等変動計算書

x8年4月1日～x9年3月31日　　(単位：千円)

	資本金		資本剰余金		利益剰余金	
	P　社	S　社	P　社	S　社	P　社	S　社
当期首残高	800,000	280,000	390,000	80,000	498,000	174,000
当期変動額　剰余金の配当	—	—	—	—	△ 180,000	△ 28,000
当期純利益	—	—	—	—	242,000	44,000
当期末残高	800,000	280,000	390,000	80,000	560,000	190,000

[資料Ⅲ]

1．P社およびS社間の債権債務残高および取引高は，次のとおりであった。

P社からS社

売上高	780,000千円
売掛金	90,000千円
貸付金	80,000千円
受取利息	2,400千円

S社からP社

仕入（売上原価）	730,000千円
買掛金	40,000千円
借入金	80,000千円
支払利息	2,400千円

なお，S社において当年度末にP社から仕入れた商品50,000千円の検収が完了していないため未計上であった。

2．P社は売上債権期末残高に対して3％の貸倒引当金を差額補充法により設定しており，S社に対する債権も同様である。

3．S社の当期末商品棚卸高のうち20,000千円は，P社から仕入れた金額である。なお，P社のS社に対する売上総利益率は30％である。

基本問題　7

／20

次に示した［資料Ⅰ］～［資料Ⅲ］にもとづいて，答案用紙の連結財務諸表を作成しなさい。なお，当期はx6年４月１日からx7年３月31日までの１年間である。

［資料Ⅰ］

1．Ｐ社はx2年３月31日にＳ社の発行済株式総数の90％を507,000千円で取得して支配を獲得し，それ以降Ｓ社を連結子会社として連結財務諸表を作成している。なお，Ｐ社のＳ社に対する持分の変動はない。x2年３月31日のＳ社の貸借対照表上には，資本金450,000千円，資本剰余金90,000千円，利益剰余金20,000千円が計上されていた。

2．のれんは発生年度の翌年から15年にわたり定額法により償却を行っている。

3．Ｐ社は前年度中に土地（帳簿価額50,000千円）を，Ｓ社に対して60,000千円で売却しており，Ｓ社は当年度末においてもこの土地（Ｓ社の諸資産として計上）を保有している。

［資料Ⅱ］x7年３月期のＰ社およびＳ社の個別財務諸表

貸　借　対　照　表

x7年３月31日　（単位：千円）

資　　産	Ｐ　社	Ｓ　社	負債・純資産	Ｐ　社	Ｓ　社
諸資産	2,220,000	689,700	諸負債	1,220,000	417,000
売掛金	500,000	300,000	買掛金	336,000	125,000
貸倒引当金	△　10,000	△　6,000	資本金	980,000	450,000
棚卸資産	399,000	186,000	資本剰余金	300,000	90,000
Ｓ社株式	507,000	—	利益剰余金	780,000	87,700
	3,616,000	1,169,700		3,616,000	1,169,700

損　益　計　算　書

x6年４月１日～x7年３月31日　（単位：千円）

費　　用	Ｐ　社	Ｓ　社	収　　益	Ｐ　社	Ｓ　社
売上原価	3,913,000	2,830,000	売上高	5,277,000	3,538,000
販売費及び一般管理費	784,000	639,000	営業外収益	38,000	14,000
営業外費用	28,000	25,000	特別利益	40,000	—
法人税等	190,000	18,000			
当期純利益	440,000	40,000			
	5,355,000	3,552,000		5,355,000	3,552,000

株主資本等変動計算書

x6年4月1日～x7年3月31日　(単位：千円)

	資本金		資本剰余金		利益剰余金	
	P　社	S　社	P　社	S　社	P　社	S　社
当期首残高	980,000	450,000	300,000	90,000	520,000	67,700
当期変動額　剰余金の配当	—	—	—	—	△ 180,000	△ 20,000
当期純利益	—	—	—	—	440,000	40,000
当期末残高	980,000	450,000	300,000	90,000	780,000	87,700

[資料Ⅲ] 連結会社間での取引

1．連結会社間の債権債務の相殺消去

S社は売掛金期末残高300,000千円に対して2％の貸倒引当金を設定しているが，売掛金期末残高のうち40,000千円がP社に対するものであった。なお，P社のS社に対する買掛金は17,000千円（下記2参照）であり，前期まではP社に対する貸倒引当金は設定していなかった。

2．連結会社間の内部取引高の相殺消去

S社は当年度中にP社に対して部品Hを販売しており，その売上高は920,000千円であったが，P社のS社からの部品仕入高は897,000千円であった。その原因を調査したところ，P社において当年度末にS社から仕入れた部品H23,000千円の検収が完了していないため未計上であった。なお，P社の期首棚卸資産の残高には，S社から仕入れた部品Hは含まれていなかった。

3．未実現利益の修正（棚卸資産）

S社は当年度中にP社に対して仕入金額の15％の利益を付加して部品Hを販売しており，P社はS社から仕入れた部品Hと他の部品を組み合わせた製品を外部へ販売している。x7年3月31日にP社が個別財務諸表に計上した棚卸資産のうち，S社から仕入れた部品Hが74,750千円ある。

応用問題　1

／20

次の［資料］にもとづいて，**x3年度（x3年４月１日からx4年３月31日まで）**の連結精算表（連結貸借対照表，連結損益計算書と連結株主資本等変動計算書の部分）を作成しなさい。

［資　料］

1．P社はx1年３月31日にS社の発行済株式総数の60％を344,000千円で取得して支配を獲得し，それ以降S社を連結子会社として連結財務諸表を作成している。x1年３月31日のS社の純資産の部は，次のとおりであった。

資　本　金	400,000千円
資本剰余金	80,000千円
利益剰余金	60,000千円

2．S社は繰越利益剰余金を財源に3,000千円の配当を当期に実施した。

3．のれんは発生年度の翌年から10年にわたり定額法により償却を行っている。

4．P社およびS社間の債権債務残高および取引高は，次のとおりであった。

P社からS社		S社からP社	
売　掛　金	70,000千円	買　掛　金	70,000千円
貸　付　金	25,000千円	借　入　金	25,000千円
未収入金	20,000千円	未　払　金	20,000千円
未収収益	1,000千円	未払費用	1,000千円
売　上　高	290,000千円	仕入（売上原価）	290,000千円
受取利息	1,000千円	支払利息	1,000千円

5．当年度末にS社が保有する商品のうちP社から仕入れた商品は60,000千円であった。P社がS社に対して販売する商品の売上総利益率は毎期20％で一定している。なお，S社の期首商品の商品残高には，P社から仕入れた商品50,000千円が含まれていた。

6．P社は売掛金期末残高に対して毎期２％の貸倒引当金を設定しているが，売掛金期末残高のうち70,000千円がS社に対するものである。なお，P社の期首貸倒引当金残高には，S社に対する貸倒引当金800千円が含まれていた。

7．S社は当年度中に土地（帳簿価額15,000千円）を，P社に対して18,000千円で売却した。

応用問題　2

／20

次の**［資料］**にもとづいて，**x7年度（x7年４月１日からx8年３月31日まで）**の連結精算表（連結貸借対照表，連結損益計算書と連結株主資本等変動計算書の部分）を作成しなさい。

［資　料］

1．Ｐ社はx2年４月１日にＳ社の発行済株式総数の90％を350,700千円で取得して支配を獲得し，それ以降Ｓ社を連結子会社として連結財務諸表を作成している。x2年４月１日のＳ社の純資産の部は，次のとおりであった。

資　本　金　　300,000千円
資本剰余金　　 55,000千円
利益剰余金　　 18,000千円

2．Ｓ社は繰越利益剰余金を財源に5,000千円の配当を当期に実施した。

3．のれんは15年にわたり定額法により償却を行っている。

4．Ｐ社は前年度中に土地（帳簿価額8,000千円）を，Ｓ社に対して10,000千円で売却しており，Ｓ社は当年度末においてもこの土地を保有している。

5．Ｐ社およびＳ社間の債権債務残高および取引高は，次のとおりであった。

Ｐ社からＳ社		Ｓ社からＰ社	
買　掛　金	50,000千円	売　掛　金	55,000千円
貸　付　金	10,000千円	借　入　金	10,000千円
未 収 入 金	8,000千円	未　払　金	8,000千円
未 収 収 益	1,500千円	未 払 費 用	1,500千円
仕入（売上原価）	394,000千円	売　上　高	399,000千円
受 取 利 息	2,000千円	支 払 利 息	2,000千円

なお，Ｐ社において当年度末にＳ社から仕入れた商品5,000千円の検収が完了していないため未計上であった。

6．当年度末にＰ社の個別財務諸表に計上されている商品のうちＳ社から仕入れた商品は18,000千円であった。Ｓ社がＰ社に対して販売する商品の売上総利益率は毎期20％で一定している。なお，Ｐ社の期首商品の商品残高には，Ｓ社から仕入れた商品32,000千円が含まれていた。

7．Ｓ社は売掛金期末残高に対して毎期２％の貸倒引当金を設定しているが，売掛金期末残高のうち55,000千円がＰ社に対するものである。なお，Ｓ社の期首貸倒引当金残高には，Ｐ社に対する貸倒引当金900千円が含まれていた。

応用問題　3

／20

次の［資料］にもとづいて，x5年3月期（x4年4月1日からx5年3月31日まで）の連結精算表（連結貸借対照表，連結損益計算書と連結株主資本等変動計算書の部分）を作成しなさい。なお，本問では「法人税，住民税及び事業税」を考慮しない。

［資　料］

1．P社はx1年3月31日にS社の発行済株式総数の60％を364,000千円で取得して支配を獲得し，それ以降S社を連結子会社として連結財務諸表を作成している。x1年3月31日のS社の純資産の部は，次のとおりであった。

資本金	350,000千円
資本剰余金	130,000千円
利益剰余金	60,000千円

S社は支配獲得後に配当を行っておらず，また，のれんは10年にわたり定額法により償却を行っている。

2．P社およびS社間の債権債務残高および取引高は，次のとおりであった。

P社からS社		S社からP社	
受取手形	40,000千円	支払手形	50,000千円
売掛金	70,000千円	買掛金	65,000千円
短期貸付金	7,000千円	短期借入金	7,000千円
未収入金	18,000千円	未払金	18,000千円
未収収益	400千円	未払費用	700千円
売上高	288,000千円	仕入（売上原価）	283,000千円
受取利息	700千円	支払利息	1,000千円

残高または取引高に差異が生じているものは，次のような原因によるものと判明した。

① P社はS社振り出しの約束手形50,000千円のうち，10,000千円を連結外部の銀行で割り引き，手形売却損500千円を計上しているので，適切な科目に振り替える。

② S社において当年度末にP社から仕入れた商品5,000千円の検収が完了していないため未計上であった。

③ P社では受取利息は受取時に計上していたため，S社に対する既経過の受取利息300千円が未計上となっていた。

このような差異については，連結上で消去仕訳のための追加修正仕訳，または，連結上で適切な科目への振替仕訳を行う。

3．当年度末にＳ社が個別財務諸表に計上した商品のうちＰ社から仕入れた商品は35,000千円であった。Ｐ社がＳ社に対して販売する商品の売上総利益率は毎期20％で一定している。なお，Ｓ社の期首商品の残高には，Ｐ社から仕入れた商品30,000千円が含まれていた。

4．Ｓ社は当年度中に土地（帳簿価額17,000千円）を，Ｐ社に対して19,000千円で売却した。

応用問題　4

／20

次の［資料］にもとづいて，x7年度（x7年４月１日からx8年３月31日まで）の連結精算表（連結貸借対照表，連結損益計算書と連結株主資本等変動計算書の部分）を作成しなさい。

［資　料］

１．食品卸売業を営むＰ社は親会社であり，子会社であるＳ１社とＳ２社の概要は，次のとおりであった。

⑴　Ｓ１社は，九州地域での販売網強化の目的でＰ社に獲得された連結子会社である。Ｐ社がx2年３月31日にＳ１社の発行済株式総数の55％を650,500千円で取得して支配を獲得し，それ以降Ｓ１社を連結子会社として連結財務諸表を作成している。x2年３月31日のＳ１社の純資産の部は，次のとおりであった。

資　本　金	600,000千円
資本剰余金	330,000千円
利益剰余金	240,000千円

Ｐ社とＳ１社の間では，各社とも商品を調達価格の10％を加えた金額で提供している。Ｓ１社は，その商品以外にも独自に仕入れた商品を，主に，九州地域で販売を行っている。また，Ｓ１社は，前年度にＰ社から土地（帳簿価額20,000千円）を21,000千円で取得し，当年度末も保有している。なお，のれんは10年にわたり定額法で償却しており，当年度中に125,000千円の配当を実施した。

⑵　Ｓ２社は，Ｐ社の100％所有子会社として資本金40,000千円で，当期首に設立された。Ｓ２社は，Ｐ社およびＳ１社が調達した食材を生かしたレストランとして営業を開始し，今後は都市部を中心に出店を計画している。Ｓ２社は，Ｐ社およびＳ１社から，各社の調達価格の15％を加えた金額で原材料を仕入れている。なお，Ｓ２社は，Ｐ社が保有する土地の一部にレストランを建設しており，Ｐ社への土地の賃借料を支払地代として販売費及び一般管理費に計上している。

２．連結会社（Ｐ社，Ｓ１社およびＳ２社）間の債権債務残高および取引高は，次のとおりであった。

Ｐ社からＳ１社		Ｓ１社からＰ社	
受取手形	8,000千円	支払手形	8,800千円
売掛金	198,000千円	買掛金	197,780千円
売上高	968,000千円	仕入（売上原価）	967,780千円
買掛金	231,000千円	売掛金	231,000千円
仕入（売上原価）	649,000千円	売上高	649,000千円

Ｐ社からＳ２社		Ｓ２社からＰ社	
売掛金	198,000千円	買掛金	180,750千円
売上高	968,300千円	原材料仕入(売上原価)	951,050千円
前受収益	0千円	前払費用	30,000千円
賃貸資産受取地代	120,000千円	支払地代	90,000千円

Ｓ１社からＳ２社		Ｓ２社からＳ１社	
売掛金	198,000千円	買掛金	215,250千円
売上高	759,000千円	原材料仕入(売上原価)	776,250千円

残高または取引高に差異が生じているものは，次のような原因によるものと判明した。

① P社はＳ１社振り出しの約束手形8,800千円のうち，800千円を連結外部の銀行で割り引き，手形売却損50千円を計上しているので，適切な科目に振り替える。なお，手形売却損50千円のうち，期末から満期日までの期間の額は30千円であった。

② Ｓ１社において，当年度末にＰ社から仕入れた商品220千円の検収が完了していないため未計上であった。

③ Ｓ２社はＰ社に対して，当期の７月１日より土地の賃借料を半年ごとに前払いしている。Ｐ社は，受取時に全額を賃貸資産受取地代として計上したまま，未経過分の処理を行っていなかった。

④ Ｓ２社は，Ｐ社から仕入れた原材料17,250千円を，誤ってＳ１社から仕入れたように処理していた。なお，この原材料はすでに消費されている。

このような差異については，連結上で消去仕訳のための追加修正仕訳，または，連結上で適切な科目への振替仕訳を行う。

3．x6年度末とx7年度末に，Ｐ社が保有する商品のうちＳ１社から仕入れた商品は，それぞれ9,900千円と8,800千円で，Ｓ１社が保有する商品のうちＰ社から仕入れた商品は，それぞれ20,900千円と22,880千円であった。また，x7年度末に，Ｓ２社が保有する原材料のうちＰ社から仕入れた原材料は2,645千円，Ｓ１社から仕入れた原材料は3,220千円であった。

応用問題　5

／20

次の［資料］にもとづいて，x3年度（x3年４月１日からx4年３月31日まで）の連結精算表（連結貸借対照表，連結損益計算書と連結株主資本等変動計算書の部分）を作成しなさい。

［資　料］

1．Ｐ社は親会社であり，子会社であるＳ社の概要は，次のとおりであった。

(1)　Ｓ社は，Ｐ社がx0年４月１日にＳ社の発行済株式総数の80％を135,000千円で取得して支配を獲得し，それ以降Ｐ社はＳ社を連結子会社として連結財務諸表を作成している。x0年４月１日のＳ社の貸借対照表上には，資本金75,000千円，資本剰余金18,750千円，利益剰余金45,000千円が計上されていた。なお，のれんは20年にわたり定額法により償却を行っている。

(2)　Ｓ社は機器の製造業であるが，独自に調達した材料にＰ社から仕入れた部品Ｃを加えて，Ｐ社の販売する機器の付属機器Ｄも製造している。Ｐ社は部品Ｃの販売時にその調達価格の10％を加えた金額でＳ社に販売している。Ｓ社は，付属機器Ｄを製造原価の30％の利益を加えた価格でＰ社に販売し，それ以外に外部の第三者にも付属機器Ｄとその他の機器を直接に販売している。

2．Ｓ社はx3年度中に土地（帳簿価額28,000千円）を，Ｐ社に対して30,000千円で売却した。

3．連結会社（Ｐ社およびＳ社）間の債権債務残高および取引高は，次のとおりであった。

Ｐ社からＳ社		Ｓ社からＰ社	
売掛金	33,000千円	買掛金	29,700千円
未収入金	4,000千円	未払金	4,000千円
買掛金	105,000千円	売掛金	105,000千円
支払手形	60,000千円	受取手形	0千円
仕入（売上原価）	455,000千円	売上高	455,000千円
売上高	181,500千円	部品仕入（売上原価）	178,200千円

残高または取引高に差異が生じているものは，次のような原因によるものと判明した。

①　x3年度末に，Ｓ社においてＰ社から仕入れた部品Ｃ3,300千円の検収が完了していないため未計上であった。

②　Ｓ社がＰ社から受け取った手形60,000千円のうち，35,000千円は買掛金支払いのため連結外部の仕入先に裏書譲渡され，25,000千円は銀行で割り引かれた。割引の際の手形売却損120千円のうち期末から満期日までの期間の額は80千円であった。Ｓ社の手形売却損1,300千円はすべてＰ社から受け取った手形の割引によるものである。

このような差異については，連結上で消去仕訳のための追加修正仕訳，または，連結上で適切な科目への振替仕訳を行う（ただし，②の非支配株主に帰属する当期純利益の影響については修正しないものとする）。

4．x2年度末とx3年度末にP社の個別財務諸表に計上されている「製品及び商品」のうちS社から仕入れた製品（付属機器D）は，それぞれ32,500千円と39,000千円であった。また，x2年度末とx3年度末にS社の個別財務諸表に計上されている原材料には，P社から仕入れた部品Cが，それぞれ8,250千円と6,600千円含まれていた。なお，x2年度末とx3年度末において，S社の「製品及び商品」には付属機器Dの在庫はなく，仕掛品には部品Cは含まれていない。

5．S社の付属機器Dの製造原価の構成は，次のとおりであった。

	x2年度	x3年度
部　品　C	33%	33%
その他の材料費	34%	33%
加　工　費	33%	34%

応用問題　6

/ 20

次の［資料］にもとづいて，x5年3月期（x4年4月1日からx5年3月31日まで）の連結精算表（連結貸借対照表と連結損益計算書の部分）を作成し，連結株主資本等変動計算書に計上される各金額を答えなさい。Hint!

［資　料］

1．アパレル業を営むP社は親会社であり，子会社であるS1社とS2社の概要は，次のとおりであった。

(1)　S1社は，P社の100%所有子会社として資本金50,000千円で設立され，P社の物流サービスを担当してきた。近年はそのノウハウを生かし，P社の敷地内に物流センターを建設し，P社やS2社に物流サービスを提供するとともに，連結外部の企業に対してコンサルティング業務も展開している。なお，S1社は，P社に対する土地の賃借料を支払地代として販売費及び一般管理費に計上しており，設立後から配当は行っていない。また，P社もS2社も，S1社からの物流サービスの代金を発送費として販売費及び一般管理費に計上している。

(2)　S2社は，P社がx1年4月1日にS2社の発行済株式総数の70%を85,000千円で取得して支配を獲得した連結子会社である。x1年4月1日のS2社の純資産の部は，次のとおりであった。

資　本　金	60,000千円
資本剰余金	40,000千円
利益剰余金	20,000千円

S2社は繊維の製造業で，繊維製品Yを製造原価の10%を付加した金額でP社へ販売しており，繊維製品Y以外の製品を連結外部の取引先にも販売している。なお，S2社は，当年度において35,000千円を配当しており，のれんは10年にわたり定額法により償却を行っている。

2．連結会社（P社，S1社およびS2社）間の債権債務残高および取引高は，次のとおりであった。

P社からS1社

未　払　金	70,000千円
発　送　費	250,000千円
賃貸資産受取地代	5,000千円

S1社からP社

売　掛　金	70,000千円
役　務　収　益	250,000千円
支　払　地　代	5,000千円

P社からS2社

買　掛　金	10,000千円
貸　付　金	20,000千円
未　収　収　益	0千円
原材料仕入(売上原価)	440,000千円
受　取　利　息	700千円

S2社からP社

売　掛　金	10,000千円
借　入　金	20,000千円
未　払　費　用	300千円
売　上　高	440,000千円
支　払　利　息	1,000千円

S1社からS2社

役　務　収　益	50,000千円
売　掛　金	14,000千円

S2社からS1社

発　送　費	50,000千円
未　払　金	14,000千円

なお，以下の点に留意すること。

① P社では受取利息は受取時に計上していたため，S２社に対する既経過の未収利息300千円が未計上となっていた。

② S１社がP社およびS２社に対して提供した役務の原価率は80%である。連結財務諸表の作成上で消去仕訳を行った結果によって，費用収益の対応が適切でなくなると判断し，これらの役務原価を販売費及び一般管理費に振り替える。

3．x3年度末とx4年度末にP社が保有する原材料のうちS２社から仕入れた繊維製品Yは，それぞれ33,000千円と22,000千円であった。また，P社が保有する製品のうち，S２社から仕入れた繊維製品Yが含まれる製品は，それぞれ100,000千円と150,000千円であった。なお，製品の製造原価の構成は，次のとおりであり，仕掛品にはS２社から仕入れた繊維製品Yは含まれていない。

	連結第３年度	連結第４年度
繊維製品Y	77%	77%
その他の材料費	13%	12%
加工費	10%	11%

4．P社はx4年度中に土地（帳簿価額20,000千円）を，S２社に対して22,000千円で売却した。

5．各社の個別株主資本等変動計算書

株主資本等変動計算書

x4年４月１日～x5年３月31日

（単位：千円）

借方	P社	S１社	S２社	貸方	P社	S１社	S２社
資本金当期末残高	900,000	50,000	60,000	資本金当期首残高	900,000	50,000	60,000
資本剰余金当期末残高	450,000	—	40,000	資本剰余金当期首残高	450,000	—	40,000
剰余金の配当	350,000	—	35,000	利益剰余金当期首残高	598,000	116,000	140,000
利益剰余金当期末残高	948,000	168,000	195,000	当期純利益	700,000	52,000	90,000
	1,298,000	168,000	230,000		1,298,000	168,000	230,000

応用問題　7

／20

次の［資料］にもとづいて，答案用紙の連結財務諸表を作成しなさい。なお，当期はx6年4月1日からx7年3月31日までの1年間である。

［資　料］

1．精密機器製造業のＰ社が親会社で，Ｓ１社とＳ２社がＰ社の連結子会社である。Ｐ社はＳ１社から部品Ｅを，Ｓ２社から部品Ｋを調達し，連結外部から調達した他の部品と組み合わせて，精密機器Ｙなどを製造・販売している。各社の概要は以下のとおりで，のれんは20年にわたり定額法により償却を行っている。

(1)　Ｓ１社は，Ｐ社がx0年４月１日にＳ１社の発行済株式総数の90％を38,000千円で取得して支配を獲得した連結子会社である。x0年４月１日のＳ１社の貸借対照表上には，資本金30,000千円，資本剰余金10,000千円，利益剰余金2,000千円が計上されていた。

Ｓ１社は，連結外部から仕入れた原材料と部品を用いて完成させた部品Ｅを，製造原価に15％の利益を加えた価格でＰ社に販売している。なお，Ｓ１社は，部品Ｅやその他の部品を連結外部の第三者にも販売している。

(2)　Ｓ２社は，Ｐ社がx3年３月31日にＳ２社の発行済株式総数の80％を49,000千円で取得して支配を獲得した連結子会社である。x3年３月31日のＳ２社の貸借対照表上には，資本金40,000千円，資本剰余金18,000千円，利益剰余金3,000千円が計上されていた。

Ｓ２社は，連結外部から仕入れた原材料と部品を用いて完成させた部品Ｋを，製造原価に20％の利益を加えた価格でＰ社に販売している。なお，Ｓ２社は，部品Ｋやその他の部品を連結外部の第三者にも販売している。

2．連結会社（Ｐ社，Ｓ１社およびＳ２社）間の債権債務残高および取引高は，次のとおりであった。

Ｐ社からＳ１社		Ｓ１社からＰ社	
買　掛　金	27,885千円	売　掛　金	28,000千円
部品仕入(売上原価)	84,295千円	売　上　高	84,410千円

なお，x6年度末，Ｐ社ではＳ１社から仕入れた部品Ｅの115千円の検収が完了していなかった。

Ｐ社からＳ２社		Ｓ２社からＰ社	
買　掛　金	28,000千円	売　掛　金	29,000千円
部品仕入(売上原価)	85,800千円	売　上　高	85,800千円

なお，x6年度中に，Ｐ社はＳ２社に対する買掛金1,000千円をＳ２社の当座預金口座へ送金していたが，Ｓ２社では未処理であった。

3．x5年度末とx6年度末にP社の個別財務諸表に計上されている棚卸資産のうち，S1社から仕入れた部品Eはそれぞれ2,530千円と2,645千円で，S2社から仕入れた部品Kはそれぞれ1,320千円と1,440千円であった。また，部品Eや部品Kが含まれている製品はそれぞれ10,000千円と12,000千円で，部品Eや部品Kが含まれている仕掛品はない。なお，P社製品の製造原価の構成は，次のとおりであった。

	x5年度	x6年度
部品E	23%	23%
部品K	24%	24%
その他の材料費	13%	14%
加工費	40%	39%

4．S1社とS2社は売掛金期末残高に対して毎期2％の貸倒引当金を設定しているが，そのうち，P社に対する売掛金期末残高がS1社で28,000千円，S2社で29,000千円ある。なお，期首貸倒引当金残高のうちP社に対するものが，S1社では500千円，S2社では550千円あった。

5．x7年3月期の各社の個別財務諸表

貸借対照表

x7年3月31日　（単位：千円）

資産	P社	S1社	S2社	負債・純資産	P社	S1社	S2社
諸資産	347,800	84,500	82,700	諸負債	104,000	68,000	52,500
売掛金	90,000	50,000	60,000	買掛金	78,000	34,000	41,000
貸倒引当金	△ 1,800	△ 1,000	△ 1,200	資本金	200,000	30,000	40,000
棚卸資産	27,000	16,500	18,500	資本剰余金	80,000	10,000	18,000
子会社株式	87,000	—	—	利益剰余金	88,000	8,000	8,500
	550,000	150,000	160,000		550,000	150,000	160,000

損益計算書

x6年4月1日～x7年3月31日　（単位：千円）

	P社	S1社	S2社
売上高	671,000	175,020	196,150
売上原価	458,200	145,150	146,800
売上総利益	212,800	29,870	49,350
販売費及び一般管理費	144,164	28,316	47,300
営業利益	68,636	1,554	2,050
営業外収益	834	450	400
営業外費用	470	284	300
法人税等	21,000	520	650
当期純利益	48,000	1,200	1,500

株主資本等変動計算書

x6年4月1日～x7年3月31日　（単位：千円）

借方	P社	S1社	S2社	貸方	P社	S1社	S2社
資本金当期末残高	200,000	30,000	40,000	資本金当期首残高	200,000	30,000	40,000
資本剰余金当期末残高	80,000	10,000	18,000	資本剰余金当期首残高	80,000	10,000	18,000
剰余金の配当	16,000	—	—	利益剰余金当期首残高	56,000	6,800	7,000
利益剰余金当期末残高	88,000	8,000	8,500	当期純利益	48,000	1,200	1,500
	104,000	8,000	8,500		104,000	8,000	8,500

●執　筆——元兵庫県立神戸商業高等学校教諭
中村学園大学流通科学部講師
土井　貴之

短期集中トレーニング
日商簿記２級　連結会計編

表紙デザイン
DESIGN+SLIM　松　利江子

●編　者——実教出版編修部

●発行者——小田　良次

●印刷所——株式会社廣済堂

●発行所——実教出版株式会社

〒102-8377
東京都千代田区五番町５
電話〈営業〉(03) 3238-7777
〈編修〉(03) 3238-7332
〈総務〉(03) 3238-7700
https://www.jikkyo.co.jp/

002104021　　ISBN 978-4-407-35069-2

短期集中トレーニング　日商簿記２級　連結会計編　解答

詳しい解説がこちらに用意してあります。
https://www.jikkyo.co.jp/d1/d02/sho/21nb2rea
※Webページの使用に伴う通信料は自己負担となります。

ウォーミングアップ　(p.2)

1

(1)　連結ワークシート

	支配獲得日 x0.3.31		連４首 x3.4.1		連４末 x4.3.31
資本金	[300,000]		[300,000]		
資本剰余金	[60,000]		[60,000]	[(△2,100)]	
利益剰余金	[30,000]	※(+15,000)	[80,000]	配[△ 7,000] [(△4,900)]	[88,000]
	[390,000]		[440,000]	当[+15,000] [(+4,500)]	
[70]%	[277,000]		↓×[30]%	商[(△240)]	
	[273,000]	[(117,000)]	[(132,000)]		[(134,160)]
のれん	[4,000]	[△400×3]	[2,800]	[△400]	[2,400]

※(80,000千円－30,000千円)×30%＝15,000千円

(2)　連結修正に関する仕訳

①投資と資本の相殺消去（まとめ）

借方科目	金額	貸方科目	金額
資本金当期首残高	300,000	子会社株式	277,000
資本剰余金当期首残高	60,000	非支配株主持分当期首残高	132,000
利益剰余金当期首残高	46,200		
のれん	2,800		

②配当金の修正

借方科目	金額	貸方科目	金額
受取配当金	4,900	剰余金の配当	7,000
非支配株主持分当期変動額	2,100		

③Ｓ社当期純利益の非支配株主持分への振り替え

借方科目	金額	貸方科目	金額
非支配株主に帰属する当期純利益	4,500	非支配株主持分当期変動額	4,500

④のれんの償却

借方科目	金額	貸方科目	金額
のれん償却	400	のれん	400

⑤未実現利益の修正（Ｐ社商品）

借方科目	金額	貸方科目	金額
売上原価	800	商品	800
非支配株主持分当期変動額	240	非支配株主に帰属する当期純利益	240

(3)　連結財務諸表の各勘定科目の金額　（単位：千円）

連結貸借対照表	金額	連結損益計算書	金額
のれん	2,400	のれん償却	400
非支配株主持分	134,160	非支配株主に帰属する当期純利益	4,260

2

連結財務諸表の各勘定科目の金額　（単位：千円）

連結貸借対照表	金額	連結損益計算書	金額
のれん	2,550	のれん償却	150
非支配株主持分	108,900	非支配株主に帰属する当期純利益	5,400

3

借方科目	金額	貸方科目	金額
買掛金	48,000	売掛金	48,000
借入金	10,000	貸付金	10,000
未払金	2,000	未収入金	2,000
未払費用	300	未収収益	300
売上高	76,000	仕入（売上原価）	76,000
受取利息	800	支払利息	800

4

	借方科目	金額	貸方科目	金額
(1)	土地	5,000	土地売却損	5,000
(2)	土地	4,000	利益剰余金当期首残高	4,000
(3)	利益剰余金当期首残高	3,000	土地	3,000
	非支配株主持分当期首残高	600	利益剰余金当期首残高	600
(4)	利益剰余金当期首残高	16,800	売上原価	16,800
	売上原価	19,500	商品	19,500
(5)	利益剰余金当期首残高	4,950	売上原価	4,950
	非支配株主持分当期首残高	990	利益剰余金当期首残高	990
	非支配株主に帰属する当期純利益	990	非支配株主持分当期変動額	990
	売上原価	4,350	商品	4,350
	非支配株主持分当期変動額	870	非支配株主に帰属する当期純利益	870
(6)	支払手形	20,000	短期借入金	20,000
	支払利息	500	手形売却損	500
(7)	買掛金	80,000	売掛金	80,000
	貸倒引当金	1,200	利益剰余金当期首残高	1,200
	貸倒引当金	400	貸倒引当金繰入	400
(8)	買掛金	90,000	売掛金	90,000
	貸倒引当金	2,100	利益剰余金当期首残高	2,100
	利益剰余金当期首残高	420	非支配株主持分当期首残高	420
	貸倒引当金	600	貸倒引当金繰入	600
	非支配株主に帰属する当期純利益	120	非支配株主持分当期変動額	120

基本問題 1

(p.4)

1～2．投資と資本の相殺消去

（借）	資本金当期首残高	*200,000*	（貸）Ｓ社株式	*250,000*
	資本剰余金当期首残高	*90,000*	非支配株主持分当期首残高	*60,000*
	利益剰余金当期首残高	*10,000*		
	のれん	*10,000*		

3．のれんの償却

（借）	のれん償却	*1,000*	（貸）のれん	*1,000*

4．配当金の修正

（借）	受取配当金	*2,400*	（貸）剰余金の配当	*3,000*
	非支配株主持分当期変動額	*600*		

5．Ｓ社当期純利益の非支配株主持分への振り替え

（借）	非支配株主に帰属する当期純利益	*1,800*	（貸）非支配株主持分当期変動額	*1,800*

6．連結会社相互間の商品売買相殺消去

（借）	売上高	*500,000*	（貸）売上原価	*500,000*

7．未実現利益の修正（Ｓ社商品）

（借）	売上原価	*24,000*	（貸）商品	*24,000*

8．債権・債務の相殺消去および貸倒引当金の修正

（借）	買掛金	*50,000*	（貸）売掛金	*50,000*
	貸倒引当金	*2,000*	販売費及び一般管理費（貸倒引当金繰入）	*2,000*

9．債権・債務の相殺消去

（借）	借入金	*100,000*	（貸）貸付金	*100,000*
	受取利息	*1,000*	支払利息	*1,000*

（単位：千円）

科目	個別財務諸表 P社	個別財務諸表 S社	連結修正仕訳 借方	連結修正仕訳 貸方	連結財務諸表
貸借対照表					
現金預金	341,200	181,200			*522,400*
売掛金	280,000	300,000			*530,000*
貸倒引当金	(11,200)	(1,200)			(*10,400*)
商品	129,000	110,000			*215,000*
貸付金	100,000	—			—
建物	30,000	—			*30,000*
建物減価償却累計額	(9,000)	—			(*9,000*)
土地	50,000	—			*50,000*
(のれん)					*9,000*
Ｓ社株式	250,000	—			—
資産合計	1,160,000	590,000			*1,337,000*
買掛金	(220,000)	(182,000)			(*352,000*)
未払法人税等	(40,000)	(2,000)			(*42,000*)
借入金	—	(100,000)			—
資本金	(500,000)	(200,000)			(*500,000*)
資本剰余金	(150,000)	(90,000)			(*150,000*)
利益剰余金	(250,000)	(16,000)	省略 ※Webページ上の解説をご参照ください。		(*231,800*)
非支配株主持分					(*61,200*)
負債純資産合計	(1,160,000)	(590,000)			(*1,337,000*)
損益計算書					
売上高	(1,980,000)	(1,200,000)			(*2,680,000*)
売上原価	1,300,000	880,000			*1,704,000*
販売費及び一般管理費	463,400	306,000			*767,400*
(のれん)償却					*1,000*
受取配当金	(2,400)	—			—
受取利息	(1,000)	—			—
支払利息	—	1,000			—
法人税等	70,000	4,000			*74,000*
当期純利益	(150,000)	(9,000)			(*133,600*)
非支配株主に帰属する当期純利益					*1,800*
親会社株主に帰属する当期純利益	(150,000)	(9,000)			(*131,800*)
株主資本等変動計算書					
資本金当期首残高	(500,000)	(200,000)			(*500,000*)
資本金当期末残高	(500,000)	(200,000)			(*500,000*)
資本剰余金当期首残高	(150,000)	(90,000)			(*150,000*)
資本剰余金当期末残高	(150,000)	(90,000)			(*150,000*)
利益剰余金当期首残高	(140,000)	(10,000)			(*140,000*)
剰余金の配当	40,000	3,000			*40,000*
親会社株主に帰属する当期純利益	(150,000)	(9,000)			(*131,800*)
利益剰余金当期末残高	(250,000)	(16,000)			(*231,800*)
非支配株主持分当期首残高					(*60,000*)
非支配株主持分当期変動額					(*1,200*)
非支配株主持分当期末残高					(*61,200*)

□ 1つにつき2点。**合計20点。**

基本問題 2　(p.6)

1．連結開始仕訳

①投資と資本の相殺消去（まとめ）

（借）	資本金当期首残高	200,000	（貸）	S 社 株 式	200,000
	資本剰余金当期首残高	40,000		非支配株主持分当期首残高	90,000
	利益剰余金当期首残高	33,800			
	の れ ん	16,200			

①-1 支配獲得日の投資と資本の相殺消去

（借）	資本金当期首残高	200,000	（貸）	S 社 株 式	200,000
	資本剰余金当期首残高	40,000		非支配株主持分当期首残高	78,000
	利益剰余金当期首残高	20,000			
	の れ ん	18,000			

①-2 過年度における子会社増加剰余金の非支配株主持分への振り替え

（借）	利益剰余金当期首残高	12,000	（貸）	非支配株主持分当期首残高	12,000

①-3 過年度におけるのれんの償却

（借）	利益剰余金当期首残高	1,800	（貸）	の れ ん	1,800

②配当金の修正　なし

③S社当期純利益の非支配株主持分への振り替え

（借）	非支配株主に帰属する当期純利益	18,000	（貸）	非支配株主持分当期変動額	18,000

④のれんの償却

（借）	の れ ん 償 却	900	（貸）	の れ ん	900

2．連結会社相互間の相殺消去

（借）	買 掛 金	170,000	（貸）	売 掛 金	170,000
	借 入 金	120,000		貸 付 金	120,000
	未 払 金	16,000		未 収 入 金	16,000
	未 払 費 用	1,800		未 収 収 益	1,800
	売 上 高	720,000		仕入（売上原価）	720,000
	受 取 利 息	3,000		支 払 利 息	3,000

3．未実現利益の修正（S社商品）

（借）	売 上 原 価	27,000	（貸）	商 品	27,000

4．未実現利益の修正（P社土地）

（借）	土 地 売 却 益	12,000	（貸）	土 地	12,000
	非支配株主持分当期変動額	3,600		非支配株主に帰属する当期純利益	3,600

（単位：千円）

科 目	個別財務諸表 P 社	個別財務諸表 S 社	連結修正仕訳 借 方	連結修正仕訳 貸 方	連結財務諸表
貸 借 対 照 表					
現 金 預 金	560,000	330,000			890,000
売 掛 金	960,000	340,000			1,130,000
商 品	740,000	130,000			843,000
未 収 入 金	160,000	26,000			170,000
貸 付 金	300,000	—			180,000
未 収 収 益	24,000	—			22,200
土 地	330,000	72,000			390,000
建 物	100,000	—			100,000
建物減価償却累計額	(48,000)	—			(48,000)
(の れ ん)					15,300
S 社 株 式	200,000	—			—
資 産 合 計	3,326,000	898,000			3,692,500
買 掛 金	(426,000)	(297,000)			(553,000)
未 払 法 人 税 等	(36,000)	(13,000)			(49,000)
借 入 金	(150,000)	(140,000)			(170,000)
未 払 金	(240,000)	(84,000)			(308,000)
未 払 費 用	(176,000)	(4,000)			(178,200)
資 本 金	(452,000)	(200,000)			(452,000)
資 本 剰 余 金	(246,000)	(40,000)			(246,000)
利 益 剰 余 金	(1,600,000)	(120,000)			(1,631,900)
非 支 配 株 主 持 分					(104,400)
負債純資産合計	(3,326,000)	(898,000)			(3,692,500)
損 益 計 算 書					
売 上 高	(3,190,000)	(2,185,000)			(4,655,000)
売 上 原 価	2,028,000	1,534,000			2,869,000
販売費及び一般管理費	930,000	576,000			1,506,000
(の れ ん) 償 却					900
受 取 利 息	(10,400)	(1,600)			(9,000)
支 払 利 息	8,000	3,600			8,600
土 地 売 却 益	—	(12,000)			—
法 人 税 等	70,000	25,000			95,000
当 期 純 利 益	(164,400)	(60,000)			(184,500)
非支配株主に帰属する当期純利益					14,400
親会社株主に帰属する当期純利益	(164,400)	(60,000)			(170,100)
株主資本等変動計算書					
資本金当期首残高	(452,000)	(200,000)			(452,000)
資本金当期末残高	(452,000)	(200,000)			(452,000)
資本剰余金当期首残高	(246,000)	(40,000)			(246,000)
資本剰余金当期末残高	(246,000)	(40,000)			(246,000)
利益剰余金当期首残高	(1,455,600)	(60,000)			(1,481,800)
剰 余 金 の 配 当	20,000	—			20,000
親会社株主に帰属する当期純利益	(164,400)	(60,000)			(170,100)
利益剰余金当期末残高	(1,600,000)	(120,000)			(1,631,900)
非支配株主持分当期首残高					(90,000)
非支配株主持分当期変動額					(14,400)
非支配株主持分当期末残高					(104,400)

省 略
※ Webページ上の解説をご参照ください。

□ 1つにつき2点。**合計20点。**

基本問題 3

(p.8)

1．連結開始仕訳

①投資と資本の相殺消去（まとめ）

（借）	資本金当期首残高	*50,000*	（貸）	Ｓ　社　株　式	*70,000*
	資本剰余金当期首残高	*10,000*		非支配株主持分当期首残高	*17,000*
	利益剰余金当期首残高	*18,000*			
	の　れ　ん	*9,000*			

①-1 支配獲得日の投資と資本の相殺消去

（借）	資本金当期首残高	*50,000*	（貸）	Ｓ　社　株　式	*70,000*
	資本剰余金当期首残高	*10,000*		非支配株主持分当期首残高	*15,000*
	利益剰余金当期首残高	*15,000*			
	の　れ　ん	*10,000*			

①-2 過年度における子会社増加剰余金の非支配株主持分への振り替え

（借）	利益剰余金当期首残高	*2,000*	（貸）	非支配株主持分当期首残高	*2,000*

①-3 過年度におけるのれんの償却

（借）	利益剰余金当期首残高	*1,000*	（貸）	の　れ　ん	*1,000*

②配当金の修正　なし

③Ｓ社当期純利益の非支配株主持分への振り替え

（借）	非支配株主に帰属する当期純利益	*3,000*	（貸）	非支配株主持分当期変動額	*3,000*

④のれんの償却

（借）	の れ ん 償 却	*500*	（貸）	の　れ　ん	*500*

2．連結会社相互間の相殺消去

（借）	買　掛　金	*30,000*	（貸）	売　掛　金	*30,000*
	借　入　金	*10,000*		貸　付　金	*10,000*
	未　払　金	*3,000*		未　収　入　金	*3,000*
	未　払　費　用	*400*		未　収　収　益	*400*
	売　上　高	*230,000*		仕入（売上原価）	*230,000*
	受　取　利　息	*500*		支　払　利　息	*500*

3．未実現利益の修正（Ｓ社商品）

（借）	売　上　原　価	*9,000*	（貸）	商　品	*9,000*

4．Ｐ社貸倒引当金の修正

（借）	貸 倒 引 当 金	*600*	（貸）	販売費及び一般管理費（貸倒引当金繰入）	*600*

5．未実現利益の修正（Ｐ社土地）

（借）	土 地 売 却 益	*3,000*	（貸）	土　地	*3,000*
	非支配株主持分当期変動額	*600*		非支配株主に帰属する当期純利益	*600*

（単位：千円）

科　目	個別財務諸表 P社	個別財務諸表 S社	連結修正仕訳 借方	連結修正仕訳 貸方	連結財務諸表
貸借対照表					
現金預金	120,000	32,500			*152,500*
売掛金	240,000	110,000			*320,000*
貸倒引当金	(4,800)	(2,200)			(*6,400*)
商品	185,000	82,500			*258,500*
未収入金	40,000	6,500			*43,500*
貸付金	75,000	—			*65,000*
未収収益	6,000	—			*5,600*
土地	82,500	18,000			*97,500*
建物	25,000	—			*25,000*
建物減価償却累計額	(12,000)	—			(*12,000*)
（のれん）					*8,500*
Ｓ社株式	70,000	—			—
資産合計	826,700	247,300			*957,700*
買掛金	(77,700)	(87,300)			(*135,000*)
未払法人税等	(8,000)	(3,000)			(*11,000*)
借入金	(62,500)	(35,000)			(*87,500*)
未払金	(60,000)	(21,000)			(*78,000*)
未払費用	(44,000)	(1,000)			(*44,600*)
資本金	(113,000)	(50,000)			(*113,000*)
資本剰余金	(61,500)	(10,000)			(*61,500*)
利益剰余金	(400,000)	(40,000)			(*407,700*)
非支配株主持分					(*19,400*)
負債純資産合計	(826,700)	(247,300)			(*957,700*)
損益計算書					
売上高	(797,600)	(546,500)			(*1,114,100*)
売上原価	507,000	383,500			*669,500*
販売費及び一般管理費	232,500	144,000			*375,900*
（のれん）償却					*500*
受取利息	(2,600)	(400)			(*2,500*)
支払利息	2,000	900			*2,400*
土地売却益	—	(3,000)			—
法人税等	17,600	6,500			*24,100*
当期純利益	(41,100)	(15,000)			(*44,200*)
非支配株主に帰属する当期純利益					*2,400*
親会社株主に帰属する当期純利益	(41,100)	(15,000)			(*41,800*)
株主資本等変動計算書					
資本金当期首残高	(113,000)	(50,000)			(*113,000*)
資本金当期末残高	(113,000)	(50,000)			(*113,000*)
資本剰余金当期首残高	(61,500)	(10,000)			(*61,500*)
資本剰余金当期末残高	(61,500)	(10,000)			(*61,500*)
利益剰余金当期首残高	(362,900)	(25,000)			(*369,900*)
剰余金の配当	4,000	—			*4,000*
親会社株主に帰属する当期純利益	(41,100)	(15,000)			(*41,800*)
利益剰余金当期末残高	(400,000)	(40,000)			(*407,700*)
非支配株主持分当期首残高					(*17,000*)
非支配株主持分当期変動額					(*2,400*)
非支配株主持分当期末残高					(*19,400*)

（連結修正仕訳欄）省略　※Webページ上の解説をご参照ください。

□ 1つにつき２点。**合計20点。**

基本問題 4 (p.10)

1～3．連結開始仕訳

①投資と資本の相殺消去（まとめ）

（借）	資本金当期首残高	400,000	（貸）	S 社 株 式	500,000
	資本剰余金当期首残高	80,000		非支配株主持分当期首残高	132,800
	利益剰余金当期首残高	136,800			
	の れ ん	16,000			

①-1 支配獲得日の投資と資本の相殺消去

（借）	資本金当期首残高	400,000	（貸）	S 社 株 式	500,000
	資本剰余金当期首残高	80,000		非支配株主持分当期首残高	120,000
	利益剰余金当期首残高	120,000			
	の れ ん	20,000			

①-2 過年度における子会社増加剰余金の非支配株主持分への振り替え

（借）	利益剰余金当期首残高	12,800	（貸）	非支配株主持分当期首残高	12,800

①-3 過年度におけるのれんの償却

（借）	利益剰余金当期首残高	4,000	（貸）	の れ ん	4,000

②配当金の修正

（借）	営業外収益（受取配当金）	16,000	（貸）	剰余金の配当	20,000
	非支配株主持分当期変動額	4,000			

③S社当期純利益の非支配株主持分への振り替え

（借）	非支配株主に帰属する当期純利益	11,200	（貸）	非支配株主持分当期変動額	11,200

④のれんの償却

（借）	販売費及び一般管理費（のれん償却）	1,000	（貸）	の れ ん	1,000

4．連結会社相互間の相殺消去

（借）	買 掛 金	200,000	（貸）	売 掛 金	200,000
	借 入 金	240,000		貸 付 金	240,000
	未 払 金	72,000		未 収 入 金	72,000
	未 払 費 用	3,600		未 収 収 益	3,600
	売 上 高	1,440,000		仕入（売上原価）	1,440,000
	営業外収益（受取利息）	6,000		営業外費用（支払利息）	6,000

5．未実現利益の修正（P社商品）

（借）	売 上 原 価	24,000	（貸）	商 品	24,000
	非支配株主持分当期変動額	4,800		非支配株主に帰属する当期純利益	4,800

6．S社貸倒引当金の修正

（借）	貸 倒 引 当 金	4,000	（貸）	販売費及び一般管理費（貸倒引当金繰入）	4,000
	非支配株主に帰属する当期純利益	800		非支配株主持分当期変動額	800

7．未実現利益の修正（S社土地）

（借）	特別利益（土地売却益）	24,000	（貸）	土 地	24,000

（単位：千円）

科 目	個別財務諸表 P 社	個別財務諸表 S 社	連結修正仕訳 借 方	連結修正仕訳 貸 方	連結財務諸表
貸 借 対 照 表					
現 金 預 金	1,020,000	260,000			1,280,000
売 掛 金	1,920,000	880,000			2,600,000
貸 倒 引 当 金	(38,400)	(17,600)			(52,000)
商 品	1,480,000	660,000			2,116,000
未 収 入 金	320,000	52,000			300,000
貸 付 金	600,000	—			360,000
未 収 収 益	48,000	—			44,400
土 地	660,000	144,000			780,000
建 物	200,000	—			200,000
建物減価償却累計額	(96,000)	—			(96,000)
(の れ ん)					15,000
S 社 株 式	500,000	—			—
資 産 合 計	6,613,600	1,978,400			7,547,400
買 掛 金	(385,600)	(810,400)			(996,000)
未 払 法 人 税 等	(300,000)	(12,000)			(312,000)
借 入 金	(500,000)	(280,000)			(540,000)
未 払 金	(480,000)	(168,000)			(576,000)
未 払 費 用	(352,000)	(8,000)			(356,400)
資 本 金	(904,000)	(400,000)			(904,000)
資 本 剰 余 金	(492,000)	(80,000)			(492,000)
利 益 剰 余 金	(3,200,000)	(220,000)			(3,235,000)
非 支 配 株 主 持 分					(136,000)
負債純資産合計	(6,613,600)	(1,978,400)			(7,547,400)
損 益 計 算 書					
売 上 高	(6,890,000)	(4,345,000)			(9,795,000)
売 上 原 価	3,556,000	3,068,000			5,208,000
販売費及び一般管理費	1,160,000	1,192,000			2,349,000
営 業 外 収 益	(36,800)	(3,200)			(18,000)
営 業 外 費 用	16,000	7,200			17,200
特 別 利 益	(24,000)	—			—
法 人 税 等	666,000	25,000			691,000
当 期 純 利 益	(1,552,800)	(56,000)			(1,547,800)
非支配株主に帰属する当期純利益					7,200
親会社株主に帰属する当期純利益	(1,552,800)	(56,000)			(1,540,600)
株主資本等変動計算書					
資本金当期首残高	(904,000)	(400,000)			(904,000)
資本金当期末残高	(904,000)	(400,000)			(904,000)
資本剰余金当期首残高	(492,000)	(80,000)			(492,000)
資本剰余金当期末残高	(492,000)	(80,000)			(492,000)
利益剰余金当期首残高	(2,527,200)	(184,000)			(2,574,400)
剰 余 金 の 配 当	880,000	20,000			880,000
親会社株主に帰属する当期純利益	(1,552,800)	(56,000)			(1,540,600)
利益剰余金当期末残高	(3,200,000)	(220,000)			(3,235,000)
非支配株主持分当期首残高					(132,800)
非支配株主持分当期変動額					(3,200)
非支配株主持分当期末残高					(136,000)

（連結修正仕訳欄）省 略
※ Webページ上の解説をご参照ください。

□ 1つにつき2点。**合計20点。**

基本問題 5

(p.12)

［資料Ⅰ］・［資料Ⅱ］連結開始仕訳

①投資と資本の相殺消去（まとめ）

（借）	資本金当期首残高	300,000	（貸）	S社株式	300,000
	資本剰余金当期首残高	30,000		非支配株主持分当期首残高	120,000
	利益剰余金当期首残高	62,500			
	のれん	27,500			

①-1 支配獲得日の投資と資本の相殺消去

（借）	資本金当期首残高	300,000	（貸）	S社株式	300,000
	資本剰余金当期首残高	30,000		非支配株主持分当期首残高	105,000
	利益剰余金当期首残高	20,000			
	のれん	55,000			

①-2 過年度における子会社増加剰余金の非支配株主持分への振り替え

（借）	利益剰余金当期首残高	15,000	（貸）	非支配株主持分当期首残高	15,000

①-3 過年度におけるのれんの償却

（借）	利益剰余金当期首残高	27,500	（貸）	のれん	27,500

②配当金の修正

（借）	営業外収益（受取配当金）	21,000	（貸）	剰余金の配当	30,000
	非支配株主持分当期変動額	9,000			

③S社当期純利益の非支配株主持分への振り替え

（借）	非支配株主に帰属する当期純利益	15,000	（貸）	非支配株主持分当期変動額	15,000

④のれんの償却

（借）	販売費及び一般管理費（のれん償却）	5,500	（貸）	のれん	5,500

［資料Ⅲ］連結会社相互間の相殺消去等

1．債権・債務の相殺消去および貸倒引当金の修正

（借）	買掛金	50,000	（貸）	売掛金	50,000
	貸倒引当金	1,500		販売費及び一般管理費（貸倒引当金繰入）	1,500

2．内部取引高の相殺消去

（借）	売上高	980,000	（貸）	売上原価	980,000

3．未実現利益の修正（S社商品）

（借）	売上原価	6,000	（貸）	商品	6,000

4．未実現利益の修正（S社土地）

（借）	特別利益（土地売却益）	20,000	（貸）	諸資産（土地）	20,000

連結損益計算書

x5年4月1日～x6年3月31日　（単位：千円）

Ⅰ	売上高	（ 4,902,000 ）
Ⅱ	売上原価	（ [3,066,000] ）
	売上総利益	（ 1,836,000 ）
Ⅲ	販売費及び一般管理費	（ [980,000] ）
	営業利益	（ 856,000 ）
Ⅳ	営業外収益	（ [14,000] ）
Ⅴ	営業外費用	（ 19,000 ）
	経常利益	（ 851,000 ）
Ⅵ	特別利益	（ [40,000] ）
	税金等調整前当期純利益	（ 891,000 ）
	法人税，住民税及び事業税	（ 282,000 ）
	当期純利益	（ 609,000 ）
	非支配株主に帰属する当期純利益	（ [15,000] ）
	親会社株主に帰属する当期純利益	（ 594,000 ）

連結株主資本等変動計算書

x5年4月1日～x6年3月31日　（単位：千円）

	株主資本			非支配株主持分
	資本金	資本剰余金	利益剰余金	
当期首残高	（ 900,000 ）	（ 400,000 ）	（ [397,500] ）	（ 120,000 ）
剰余金の配当			（△ 200,000 ）	
親会社株主に帰属する当期純利益			（ 594,000 ）	
株主資本以外の項目の当期変動額（純額）				（ 6,000 ）
当期末残高	（ 900,000 ）	（ 400,000 ）	（ 791,500 ）	（ [126,000] ）

連結貸借対照表

x6年3月31日　（単位：千円）

資産	金額	負債・純資産	金額
諸資産	（ [2,160,000] ）	諸負債	（ 851,000 ）
売掛金	（ 550,000 ）	買掛金	（ [229,000] ）
貸倒引当金	（△ 16,500 ）	資本金	（ 900,000 ）
商品	（ 582,000 ）	資本剰余金	（ 400,000 ）
[（のれん）]	（ [22,000] ）	利益剰余金	（ 791,500 ）
		非支配株主持分	（ 126,000 ）
	（ 3,297,500 ）		（ 3,297,500 ）

[　] 1つにつき2点。**合計20点。**

基本問題 6 (p.14)

［資料Ⅰ］・［資料Ⅱ］連結開始仕訳

①投資と資本の相殺消去（まとめ）

借方	金額	貸方	金額
（借）資本金当期首残高	280,000	（貸）S社株式	337,000
資本剰余金当期首残高	80,000	非支配株主持分当期首残高	160,200
利益剰余金当期首残高	127,200		
のれん	10,000		

①-1 支配獲得日の投資と資本の相殺消去

借方	金額	貸方	金額
（借）資本金当期首残高	280,000	（貸）S社株式	337,000
資本剰余金当期首残高	80,000	非支配株主持分当期首残高	138,000
利益剰余金当期首残高	100,000		
のれん	15,000		

①-2 過年度における子会社増加剰余金の非支配株主持分への振り替え

借方	金額	貸方	金額
（借）利益剰余金当期首残高	22,200	（貸）非支配株主持分当期首残高	22,200

①-3 過年度におけるのれんの償却

借方	金額	貸方	金額
（借）利益剰余金当期首残高	5,000	（貸）のれん	5,000

②配当金の修正

借方	金額	貸方	金額
（借）営業外収益（受取配当金）	19,600	（貸）剰余金の配当	28,000
非支配株主持分当期変動額	8,400		

③のれんの償却

借方	金額	貸方	金額
（借）販売費及び一般管理費（のれん償却）	1,000	（貸）のれん	1,000

④S社当期純利益の非支配株主持分への振り替え

借方	金額	貸方	金額
（借）非支配株主に帰属する当期純利益	13,200	（貸）非支配株主持分当期変動額	13,200

［資料Ⅲ］連結会社相互間の相殺消去等

1．債権・債務および内部取引高の相殺消去

借方	金額	貸方	金額
（借）仕入（売上原価）	50,000	（貸）買掛金	50,000
商品	50,000	仕入（売上原価）	50,000
売上高	780,000	仕入（売上原価）	780,000
買掛金	90,000	売掛金	90,000
借入金	80,000	貸付金	80,000
営業外収益（受取利息）	2,400	営業外費用（支払利息）	2,400

2．P社貸倒引当金の修正

借方	金額	貸方	金額
（借）貸倒引当金	2,700	（貸）販売費及び一般管理費（貸倒引当金繰入）	2,700

3．未実現利益の修正（S社商品）

借方	金額	貸方	金額
（借）売上原価	21,000	（貸）商品	21,000

連結損益計算書

x8年4月1日～x9年3月31日　（単位：千円）

Ⅰ	売上高	（ 3,367,000 ）
Ⅱ	売上原価	（ 2,058,000 ）
	売上総利益	（ 1,309,000 ）
Ⅲ	販売費及び一般管理費	（ 912,300 ）
	営業利益	（ 396,700 ）
Ⅳ	営業外収益	（ 41,000 ）
Ⅴ	営業外費用	（ 51,600 ）
	税金等調整前当期純利益	（ 386,100 ）
	法人税，住民税及び事業税	（ 139,000 ）
	当期純利益	（ 247,100 ）
	非支配株主に帰属する当期純利益	（ 13,200 ）
	親会社株主に帰属する当期純利益	（ 233,900 ）

連結株主資本等変動計算書

x8年4月1日～x9年3月31日　（単位：千円）

	株主資本			非支配株主持分
	資本金	資本剰余金	利益剰余金	
当期首残高	（ 800,000 ）	（ 390,000 ）	（ 544,800 ）	（ 160,200 ）
剰余金の配当			（△ 180,000 ）	
親会社株主に帰属する当期純利益			（ 233,900 ）	
株主資本以外の項目の当期変動額（純額）				（ 4,800 ）
当期末残高	（ 800,000 ）	（ 390,000 ）	（ 598,700 ）	（ 165,000 ）

連結貸借対照表

x9年3月31日　（単位：千円）

資産	金額	負債・純資産	金額
現金預金	（ 1,278,000 ）	買掛金	（ 585,000 ）
売掛金	（ 910,000 ）	未払法人税等	（ 80,000 ）
貸倒引当金	（△ 27,300 ）	資本金	（ 800,000 ）
商品	（ 429,000 ）	資本剰余金	（ 390,000 ）
貸付金	（ 20,000 ）	利益剰余金	（ 598,700 ）
（のれん）	（ 9,000 ）	非支配株主持分	（ 165,000 ）
	（ 2,618,700 ）		（ 2,618,700 ）

□ 1つにつき2点。**合計20点。**

基本問題 7

(p.16)

［資料Ⅰ］・［資料Ⅱ］連結開始仕訳

①投資と資本の相殺消去（まとめ）

（借）	資本金当期首残高	450,000	（貸）	S 社 株 式	507,000
	資本剰余金当期首残高	90,000		非支配株主持分当期首残高	60,770
	利益剰余金当期首残高	25,570			
	の れ ん	2,200			

①-1 支配獲得日の投資と資本の相殺消去

（借）	資本金当期首残高	450,000	（貸）	S 社 株 式	507,000
	資本剰余金当期首残高	90,000		非支配株主持分当期首残高	56,000
	利益剰余金当期首残高	20,000			
	の れ ん	3,000			

①-2 過年度における子会社増加剰余金の非支配株主持分への振り替え

（借）	利益剰余金当期首残高	4,770	（貸）	非支配株主持分当期首残高	4,770

①-3 過年度におけるのれんの償却

（借）	利益剰余金当期首残高	800	（貸）	の れ ん	800

②配当金の修正

（借）	営業外収益（受取配当金）	18,000	（貸）	剰余金の配当	20,000
	非支配株主持分当期変動額	2,000			

③のれんの償却

（借）	販売費及び一般管理費（のれん償却）	200	（貸）	の れ ん	200

④S社当期純利益の非支配株主持分への振り替え

（借）	非支配株主に帰属する当期純利益	4,000	（貸）	非支配株主持分当期変動額	4,000

⑤過年度における未実現利益の修正（S社土地）

（借）	利益剰余金当期首残高	10,000	（貸）	諸資産（土地）	10,000

［資料Ⅲ］連結会社相互間の相殺消去等

1．債権・債務の相殺消去および貸倒引当金の修正

（借）	買 掛 金	40,000	（貸）	売 掛 金	40,000
	貸 倒 引 当 金	800		販売費及び一般管理費（貸倒引当金繰入）	800
	非支配株主に帰属する当期純利益	80		非支配株主持分当期変動額	80

2．未達事項および内部取引高の相殺消去

（借）	売 上 原 価	23,000	（貸）	買 掛 金	23,000
	棚 卸 資 産	23,000		売 上 原 価	23,000
	売 上 高	920,000		売 上 原 価	920,000

3．未実現利益の修正（P社棚卸資産）

（借）	売 上 原 価	12,750	（貸）	棚 卸 資 産	12,750
	非支配株主持分当期変動額	1,275		非支配株主に帰属する当期純利益	1,275

連 結 損 益 計 算 書

x6年4月1日～x7年3月31日　（単位：千円）

Ⅰ	売 上 高	（ 7,895,000 ）
Ⅱ	売 上 原 価	（ 5,835,750 ）
	売 上 総 利 益	（ 2,059,250 ）
Ⅲ	販売費及び一般管理費	（ 1,422,400 ）
	営 業 利 益	（ 636,850 ）
Ⅳ	営 業 外 収 益	（ 34,000 ）
Ⅴ	営 業 外 費 用	（ 53,000 ）
	経 常 利 益	（ 617,850 ）
Ⅵ	特 別 利 益	（ 40,000 ）
	税金等調整前当期純利益	（ 657,850 ）
	法人税，住民税及び事業税	（ 208,000 ）
	当 期 純 利 益	（ 449,850 ）
	非支配株主に帰属する当期純利益	（ 2,805 ）
	親会社株主に帰属する当期純利益	（ 447,045 ）

連結株主資本等変動計算書

x6年4月1日～x7年3月31日　（単位：千円）

	株主資本			非支配株主持分
	資 本 金	資本剰余金	利益剰余金	
当 期 首 残 高	（ 980,000 ）	（ 300,000 ）	（ 552,130 ）	（ 60,770 ）
剰 余 金 の 配 当			（△ 180,000 ）	
親会社株主に帰属する当期純利益			（ 447,045 ）	
株主資本以外の項目の当期変動額（純額）				（ 805 ）
当 期 末 残 高	（ 980,000 ）	（ 300,000 ）	（ 819,175 ）	（ 61,575 ）

連 結 貸 借 対 照 表

x7年3月31日　（単位：千円）

資 産	金 額	負債・純資産	金 額
諸 資 産	（ 2,899,700 ）	諸 負 債	（ 1,637,000 ）
売 掛 金	（ 760,000 ）	買 掛 金	（ 444,000 ）
貸 倒 引 当 金	（△ 15,200 ）	資 本 金	（ 980,000 ）
棚 卸 資 産	（ 595,250 ）	資 本 剰 余 金	（ 300,000 ）
（の れ ん）	（ 2,000 ）	利 益 剰 余 金	（ 819,175 ）
		非 支 配 株 主 持 分	（ 61,575 ）
	（ 4,241,750 ）		（ 4,241,750 ）

□ 1つにつき2点。**合計20点。**

応用問題 1　(p.18)

1～3．連結開始仕訳

①投資と資本の相殺消去（まとめ）

（借）	資本金当期首残高	*400,000*	（貸）	Ｓ社株式	*344,000*
	資本剰余金当期首残高	*80,000*		非支配株主持分当期首残高	*218,800*
	利益剰余金当期首残高	*66,800*			
	のれん	*16,000*			

①-1 支配獲得日の投資と資本の相殺消去

（借）	資本金当期首残高	*400,000*	（貸）	Ｓ社株式	*344,000*
	資本剰余金当期首残高	*80,000*		非支配株主持分当期首残高	*216,000*
	利益剰余金当期首残高	*60,000*			
	のれん	*20,000*			

①-2 過年度における子会社増加剰余金の非支配株主持分への振り替え

（借）	利益剰余金当期首残高	*2,800*	（貸）	非支配株主持分当期首残高	*2,800*

①-3 過年度におけるのれんの償却

（借）	利益剰余金当期首残高	*4,000*	（貸）	のれん	*4,000*

②配当金の修正

（借）	営業外収益（受取配当金）	*1,800*	（貸）	剰余金の配当	*3,000*
	非支配株主持分当期変動額	*1,200*			

③Ｓ社当期純利益の非支配株主持分への振り替え

（借）	非支配株主に帰属する当期純利益	*6,000*	（貸）	非支配株主持分当期変動額	*6,000*

④のれんの償却

（借）	販売費及び一般管理費（のれん償却）	*2,000*	（貸）	のれん	*2,000*

4．連結会社相互間の相殺消去

（借）	買掛金	*70,000*	（貸）	売掛金	*70,000*
	借入金	*25,000*		貸付金	*25,000*
	未払金	*20,000*		未収入金	*20,000*
	未払費用	*1,000*		未収収益	*1,000*
	売上高	*290,000*		仕入（売上原価）	*290,000*
	営業外収益（受取利息）	*1,000*		営業外費用（支払利息）	*1,000*

5．未実現利益の修正（Ｓ社商品）

（借）	利益剰余金当期首残高	*10,000*	（貸）	売上原価	*10,000*
	売上原価	*12,000*		商品	*12,000*

6．Ｐ社貸倒引当金の修正

（借）	貸倒引当金	*800*	（貸）	利益剰余金当期首残高	*800*
	貸倒引当金	*600*		販売費及び一般管理費（貸倒引当金繰入）	*600*

7．未実現利益の修正（Ｐ社土地）

（借）	特別利益（土地売却益）	*3,000*	（貸）	土地	*3,000*
	非支配株主持分当期変動額	*1,200*		非支配株主に帰属する当期純利益	*1,200*

（単位：千円）

科目	個別財務諸表 P社	個別財務諸表 S社	連結修正仕訳 借方	連結修正仕訳 貸方	連結財務諸表
貸借対照表					
現金預金	460,000	366,000			*826,000*
売掛金	400,000	200,000			*530,000*
貸倒引当金	(8,000)	(4,000)			(*10,600*)
商品	155,000	97,000			*240,000*
未収入金	30,000	40,000			*50,000*
貸付金	60,000	―			*35,000*
未収収益	8,000	―			*7,000*
土地	12,000	18,000			*27,000*
建物	30,000	―			*30,000*
建物減価償却累計額	(9,000)	―			(*9,000*)
(のれん)					*14,000*
Ｓ社株式	344,000	―			―
資産合計	1,482,000	717,000			*1,739,400*
買掛金	(170,000)	(100,000)			(*200,000*)
未払法人税等	(50,000)	(3,000)			(*53,000*)
借入金	(30,000)	(25,000)			(*30,000*)
未払金	(20,000)	(28,000)			(*28,000*)
未払費用	(12,000)	(2,000)			(*13,000*)
資本金	(800,000)	(400,000)			(*800,000*)
資本剰余金	(100,000)	(80,000)			(*100,000*)
利益剰余金	(300,000)	(79,000)			(*293,000*)
非支配株主持分					(*222,400*)
負債純資産合計	(1,482,000)	(717,000)			(*1,739,400*)
損益計算書					
売上高	(1,258,200)	(609,500)			(*1,577,700*)
売上原価	712,000	432,000			*856,000*
販売費及び一般管理費	182,000	158,000			*341,400*
営業外収益	(4,200)	―			(*1,400*)
営業外費用	1,400	1,000			*1,400*
特別利益	―	(3,000)			―
法人税等	110,000	6,500			*116,500*
当期純利益	(257,000)	(15,000)			(*263,800*)
非支配株主に帰属する当期純利益					*4,800*
親会社株主に帰属する当期純利益	(257,000)	(15,000)			(*259,000*)
株主資本等変動計算書					
資本金当期首残高	(800,000)	(400,000)			(*800,000*)
資本金当期末残高	(800,000)	(400,000)			(*800,000*)
資本剰余金当期首残高	(100,000)	(80,000)			(*100,000*)
資本剰余金当期末残高	(100,000)	(80,000)			(*100,000*)
利益剰余金当期首残高	(193,000)	(67,000)			(*184,000*)
剰余金の配当	150,000	3,000			*150,000*
親会社株主に帰属する当期純利益	(257,000)	(15,000)			(*259,000*)
利益剰余金当期末残高	(300,000)	(79,000)			(*293,000*)
非支配株主持分当期首残高					(*218,800*)
非支配株主持分当期変動額					(*3,600*)
非支配株主持分当期末残高					(*222,400*)

（連結修正仕訳欄）省略　※Webページ上の解説をご参照ください。

□ 1つにつき2点。**合計20点。**

応用問題 2

(p.20)

1～3．連結開始仕訳

①投資と資本の相殺消去（まとめ）

(借)	資本金当期首残高	*300,000*	(貸)	Ｓ社株式	*350,700*
	資本剰余金当期首残高	*55,000*		非支配株主持分当期首残高	*42,100*
	利益剰余金当期首残高	*27,800*			
	のれん	*10,000*			

①-1 支配獲得日の投資と資本の相殺消去

(借)	資本金当期首残高	*300,000*	(貸)	Ｓ社株式	*350,700*
	資本剰余金当期首残高	*55,000*		非支配株主持分当期首残高	*37,300*
	利益剰余金当期首残高	*18,000*			
	のれん	*15,000*			

①-2 過年度における子会社増加剰余金の非支配株主持分への振り替え

(借)	利益剰余金当期首残高	*4,800*	(貸)	非支配株主持分当期首残高	*4,800*

①-3 過年度におけるのれんの償却

(借)	利益剰余金当期首残高	*5,000*	(貸)	のれん	*5,000*

②配当金の修正

(借)	営業外収益（受取配当金）	*4,500*	(貸)	剰余金の配当	*5,000*
	非支配株主持分当期変動額	*500*			

③Ｓ社当期純利益の非支配株主持分への振り替え

(借)	非支配株主に帰属する当期純利益	*1,600*	(貸)	非支配株主持分当期変動額	*1,600*

④のれんの償却

(借)	販売費及び一般管理費（のれん償却）	*1,000*	(貸)	のれん	*1,000*

4．過年度における未実現利益の修正（Ｓ社土地）

(借)	利益剰余金当期首残高	*2,000*	(貸)	土地	*2,000*

5．連結会社相互間の相殺消去

(借)	仕入（売上原価）	*5,000*	(貸)	買掛金	*5,000*
	商品	*5,000*		仕入（売上原価）	*5,000*
	買掛金	*55,000*		売掛金	*55,000*
	借入金	*10,000*		貸付金	*10,000*
	未払金	*8,000*		未収入金	*8,000*
	未払費用	*1,500*		未収収益	*1,500*
	売上高	*399,000*		仕入（売上原価）	*399,000*
	営業外収益（受取利息）	*2,000*		営業外費用（支払利息）	*2,000*

6．未実現利益の修正（Ｐ社商品）

(借)	利益剰余金当期首残高	*6,400*	(貸)	売上原価	*6,400*
	非支配株主持分当期首残高	*640*		利益剰余金当期首残高	*640*
	非支配株主に帰属する当期純利益	*640*		非支配株主持分当期変動額	*640*
	売上原価	*4,600*		商品	*4,600*
	非支配株主持分当期変動額	*460*		非支配株主に帰属する当期純利益	*460*

7．Ｓ社貸倒引当金の修正

(借)	貸倒引当金	*900*	(貸)	利益剰余金当期首残高	*900*
	利益剰余金当期首残高	*90*		非支配株主持分当期首残高	*90*
	貸倒引当金	*200*		販売費及び一般管理費（貸倒引当金繰入）	*200*
	非支配株主に帰属する当期純利益	*20*		非支配株主持分当期変動額	*20*

（単位：千円）

科目	個別財務諸表 P社	個別財務諸表 S社	連結修正仕訳 借方	連結修正仕訳 貸方	連結財務諸表
貸借対照表					
現金預金	467,900	270,200			*738,100*
売掛金	330,000	210,000			*485,000*
貸倒引当金	(6,600)	(4,200)			(*9,700*)
商品	40,000	14,000			**54,400**
未収入金	18,000	20,000			*30,000*
貸付金	40,000	—			*30,000*
未収収益	10,500	7,000			*16,000*
土地	200,000	10,000			**208,000**
建物	180,000	90,000			*270,000*
建物減価償却累計額	(54,000)	(27,000)			(*81,000*)
(のれん)					**9,000**
Ｓ社株式	350,700	—			—
資産合計	1,576,500	590,000			*1,749,800*
買掛金	(169,000)	(122,000)			(**241,000**)
未払法人税等	(11,000)	(3,000)			(*14,000*)
借入金	(30,000)	(10,000)			(*30,000*)
未払金	(12,000)	(18,000)			(*22,000*)
未払費用	(6,500)	(5,000)			(*10,000*)
資本金	(700,000)	(300,000)			(*700,000*)
資本剰余金	(350,000)	(55,000)			(*350,000*)
利益剰余金	(298,000)	(77,000)			(*339,950*)
非支配株主持分					(*42,850*)
負債純資産合計	(1,576,500)	(590,000)			(*1,749,800*)
損益計算書					
売上高	(3,019,500)	(884,000)			(*3,504,500*)
売上原価	2,032,520	613,900			**2,245,620**
販売費及び一般管理費	905,980	244,600			**1,151,380**
営業外収益	(9,000)	—			(*2,500*)
営業外費用	8,000	2,500			**8,500**
特別利益	(1,000)	—			(*1,000*)
法人税等	25,000	7,000			*32,000*
当期純利益	(58,000)	(16,000)			(*70,500*)
非支配株主に帰属する当期純利益					*1,800*
親会社株主に帰属する当期純利益	(58,000)	(16,000)			(*68,700*)
株主資本等変動計算書					
資本金当期首残高	(700,000)	(300,000)			(*700,000*)
資本金当期末残高	(700,000)	(300,000)			(*700,000*)
資本剰余金当期首残高	(350,000)	(55,000)			(*350,000*)
資本剰余金当期末残高	(350,000)	(55,000)			(*350,000*)
利益剰余金当期首残高	(270,000)	(66,000)			(**301,250**)
剰余金の配当	30,000	5,000			*30,000*
親会社株主に帰属する当期純利益	(58,000)	(16,000)			(**68,700**)
利益剰余金当期末残高	(298,000)	(77,000)			(*339,950*)
非支配株主持分当期首残高					(*41,550*)
非支配株主持分当期変動額					(*1,300*)
非支配株主持分当期末残高					(**42,850**)

連結修正仕訳欄：省略　※Webページ上の解説をご参照ください。

□ 1つにつき2点。**合計20点。**

応用問題 3

(p.22)

1．連結開始仕訳

①投資と資本の相殺消去（まとめ）

（借）	資本金当期首残高	350,000	（貸） S 社 株 式	364,000
	資本剰余金当期首残高	130,000	非支配株主持分当期首残高	222,000
	利益剰余金当期首残高	78,000		
	の れ ん	28,000		

②配当金の修正　なし

③S社当期純利益の非支配株主持分への振り替え

（借）	非支配株主に帰属する当期純利益	9,200	（貸） 非支配株主持分当期変動額	9,200

④のれんの償却

（借）	販売費及び一般管理費（のれん償却）	4,000	（貸） の れ ん	4,000

2．連結会社相互間の未達事項および相殺消去

（借）	支 払 手 形	50,000	（貸） 受 取 手 形	40,000
			短 期 借 入 金	10,000
	支 払 利 息	500	手 形 売 却 損	500
	仕 入（売 上 原 価）	5,000	買 掛 金	5,000
	商 品	5,000	仕 入（売 上 原 価）	5,000
	未 収 収 益	300	受 取 利 息	300
	買 掛 金	70,000	売 掛 金	70,000
	短 期 借 入 金	7,000	短 期 貸 付 金	7,000
	未 払 金	18,000	未 収 入 金	18,000
	未 払 費 用	700	未 収 収 益	700
	売 上 高	288,000	仕 入（売 上 原 価）	288,000
	受 取 利 息	1,000	支 払 利 息	1,000

3．未実現利益の修正（S社商品）

（借）	利益剰余金当期首残高	6,000	（貸） 売 上 原 価	6,000
	売 上 原 価	8,000	商 品	8,000

4．未実現利益の修正（P社土地）

（借）	土 地 売 却 益	2,000	（貸） 土 地	2,000
	非支配株主持分当期変動額	800	非支配株主に帰属する当期純利益	800

（単位：千円）

科目	個別財務諸表 P 社	個別財務諸表 S 社	連結修正仕訳 借 方	連結修正仕訳 貸 方	連結財務諸表
貸借対照表					
現金預金	432,000	325,000			757,000
受取手形	200,000	180,000			340,000
売掛金	400,000	200,000			530,000
商品	148,000	88,000			233,000
未収入金	37,000	30,000			49,000
短期貸付金	56,000	—			49,000
未収収益	11,700	—			11,300
土地	15,000	20,000			33,000
建物	30,000	—			30,000
建物減価償却累計額	(6,000)	—			(6,000)
(のれん)					24,000
S社株式	364,000	—			—
資産合計	1,687,700	843,000			2,050,300
支払手形	(180,000)	(120,000)			(250,000)
買掛金	(136,000)	(110,000)			(181,000)
短期借入金	(40,000)	(10,000)			(53,000)
未払金	(22,000)	(22,000)			(26,000)
未払費用	(9,700)	(3,000)			(12,000)
資本金	(500,000)	(350,000)			(500,000)
資本剰余金	(320,000)	(130,000)			(320,000)
利益剰余金	(480,000)	(98,000)			(477,900)
非支配株主持分					(230,400)
負債純資産合計	(1,687,700)	(843,000)			(2,050,300)
損益計算書					
売上高	(1,260,000)	(701,000)			(1,673,000)
売上原価	783,000	543,000			1,040,000
販売費及び一般管理費	198,000	135,900			337,900
受取利息	(2,800)	—			(2,100)
支払利息	1,300	1,100			1,900
手形売却損	500	—			—
土地売却益	—	(2,000)			—
当期純利益	(280,000)	(23,000)			(295,300)
非支配株主に帰属する当期純利益					8,400
親会社株主に帰属する当期純利益	(280,000)	(23,000)			(286,900)
株主資本等変動計算書					
資本金当期首残高	(500,000)	(350,000)			(500,000)
資本金当期末残高	(500,000)	(350,000)			(500,000)
資本剰余金当期首残高	(320,000)	(130,000)			(320,000)
資本剰余金当期末残高	(320,000)	(130,000)			(320,000)
利益剰余金当期首残高	(230,000)	(75,000)			(221,000)
剰余金の配当	30,000	—			30,000
親会社株主に帰属する当期純利益	(280,000)	(23,000)			(286,900)
利益剰余金当期末残高	(480,000)	(98,000)			(477,900)
非支配株主持分当期首残高					(222,000)
非支配株主持分当期変動額					(8,400)
非支配株主持分当期末残高					(230,400)

連結修正仕訳：**省 略**　※Webページ上の解説をご参照ください。

□ 1つにつき2点。**合計20点。**

応用問題 4

(p.24)

1(1)　P社-S1社間の連結修正仕訳

①投資と資本の相殺消去（まとめ）

(借)	資本金当期首残高	*600,000*	(貸)	子会社株式	*650,500*
	資本剰余金当期首残高	*330,000*		非支配株主持分当期首残高	*636,750*
	利益剰余金当期首残高	*353,750*			
	のれん	*3,500*			

②配当金の修正

(借)	受取配当金	*68,750*	(貸)	剰余金の配当	*125,000*
	非支配株主持分当期変動額	*56,250*			

③S1社当期純利益の非支配株主持分への振り替え

(借)	非支配株主に帰属する当期純利益	*162,000*	(貸)	非支配株主持分当期変動額	*162,000*

④のれんの償却

(借)	販売費及び一般管理費(のれん償却)	*700*	(貸)	のれん	*700*

⑤過年度における未実現利益の修正（S1社土地）

(借)	利益剰余金当期首残高	*1,000*	(貸)	土地	*1,000*

(2)　P社-S2社間の連結修正仕訳

投資と資本の相殺消去（まとめ）

(借)	資本金	*40,000*	(貸)	子会社株式	*40,000*

2(1)　P社-S1社間の相殺消去

(借)	支払手形	*800*	(貸)	借入金	*800*
	前払費用	*30*		手形売却損	*50*
	支払利息	*20*			
	支払手形	*8,000*		受取手形	*8,000*
	仕入(売上原価)	*220*		買掛金	*220*
	商品	*220*		仕入(売上原価)	*220*
	買掛金	*429,000*		売掛金	*429,000*
	売上高	*1,617,000*		仕入(売上原価)	*1,617,000*

(2)　P社-S2社間の相殺消去，訂正

(借)	原材料仕入(売上原価)	*17,250*	(貸)	買掛金	*17,250*
	買掛金	*198,000*		売掛金	*198,000*
	売上高	*968,300*		原材料仕入(売上原価)	*968,300*
	賃貸資産受取地代	*30,000*		前受収益	*30,000*
	前受収益	*30,000*		前払費用	*30,000*
	賃貸資産受取地代	*90,000*		販売費及び一般管理費(支払地代)	*90,000*

(3)　S1社-S2社間の相殺消去

(借)	買掛金	*17,250*	(貸)	原材料仕入(売上原価)	*17,250*
	買掛金	*198,000*		売掛金	*198,000*
	売上高	*759,000*		原材料仕入(売上原価)	*759,000*

3(1)　未実現利益の修正（P社商品）

(借)	利益剰余金当期首残高	*900*	(貸)	売上原価	*900*
	非支配株主持分当期首残高	*405*		利益剰余金当期首残高	*405*
	非支配株主に帰属する当期純利益	*405*		非支配株主持分当期変動額	*405*
	売上原価	*800*		商品	*800*
	非支配株主持分当期変動額	*360*		非支配株主に帰属する当期純利益	*360*

(2)　未実現利益の修正（S1社商品）

(借)	利益剰余金当期首残高	*1,900*	(貸)	売上原価	*1,900*
	売上原価	*2,100*		商品	*2,100*

(3)　未実現利益の修正（S2社原材料）

(借)	売上原価	*765*	(貸)	原材料	*765*
	非支配株主持分当期変動額	*189*		非支配株主に帰属する当期純利益	*189*

（単位：千円）

科目	個別財務諸表 P社	個別財務諸表 S1社	個別財務諸表 S2社	連結修正仕訳 借方	連結修正仕訳 貸方	連結財務諸表
貸借対照表						
現金預金	1,927,900	565,200	644,500			3,137,600
受取手形	529,200	117,600	—			638,800
売掛金	617,400	480,200	—			272,600
商品	846,000	54,000	—			897,320
原材料	—	—	6,200			5,435
前払費用	124,000	13,000	30,000			137,030
貸付金	500,000	100,000	—			600,000
土地	3,300,000	700,000	—			3,999,000
建物	4,500,000	500,000	100,000			5,100,000
建物減価償却累計額	(450,000)	(350,000)	(5,000)	省略 ※Webページ上の解説をご参照ください。		(805,000)
備品	800,000	12,000	7,000			819,000
備品減価償却累計額	(240,000)	(2,000)	(700)			(242,700)
(のれん)						2,800
子会社株式	690,500	—	—			—
資産合計	13,145,000	2,190,000	782,000			14,561,885
支払手形	(314,000)	(98,000)	(158,000)			(561,200)
買掛金	(488,600)	(430,000)	(481,430)			(575,250)
借入金	(20,000)	—	—			(20,800)
未払法人税等	(200,400)	(12,000)	(30,570)			(242,970)
前受収益	(18,000)	—	—			(18,000)
資本金	(8,000,000)	(600,000)	(40,000)			(8,000,000)
資本剰余金	(2,504,000)	(330,000)	—			(2,504,000)
利益剰余金	(1,600,000)	(720,000)	(72,000)			(1,897,714)
非支配株主持分						(741,951)
負債純資産合計	(13,145,000)	(2,190,000)	(782,000)			(14,561,885)
損益計算書						
売上高	(7,006,150)	(2,984,700)	(2,206,205)			(8,852,755)
売上原価	5,013,350	1,974,500	2,005,335			5,649,750
販売費及び一般管理費	879,500	578,200	98,300			1,466,700
受取配当金	(68,750)	—	—			—
受取利息	(12,000)	(4,000)	—			(16,000)
賃貸資産受取地代	(120,000)	—	—			—
支払利息	6,000	—	—			6,020
手形売却損	50	—	—			—
土地売却益	(12,000)	—	—			(12,000)
法人税，住民税及び事業税	400,000	76,000	30,570			506,570
当期純利益	(920,000)	(360,000)	(72,000)			(1,251,715)
非支配株主に帰属する当期純利益						161,856
親会社株主に帰属する当期純利益	(920,000)	(360,000)	(72,000)			(1,089,859)
株主資本等変動計算書						
資本金当期首残高	(8,000,000)	(600,000)	(40,000)			(8,000,000)
資本金当期末残高	(8,000,000)	(600,000)	(40,000)			(8,000,000)
資本剰余金当期首残高	(2,504,000)	(330,000)	—			(2,504,000)
資本剰余金当期末残高	(2,504,000)	(330,000)	—			(2,504,000)
利益剰余金当期首残高	(1,180,000)	(485,000)	—			(1,307,855)
剰余金の配当	500,000	125,000	—			500,000
親会社株主に帰属する当期純利益	(920,000)	(360,000)	(72,000)			(1,089,859)
利益剰余金当期末残高	(1,600,000)	(720,000)	(72,000)			(1,897,714)
非支配株主持分当期首残高						(636,345)
非支配株主持分当期変動額						(105,606)
非支配株主持分当期末残高						(741,951)

□ 1つにつき2点。**合計20点。**

応用問題 5 (p.26)

1．P社-S社間の連結修正仕訳

①投資と資本の相殺消去（まとめ）

（借）	資本金当期首残高	75,000	（貸）子会社株式	135,000
	資本剰余金当期首残高	18,750	非支配株主持分当期首残高	31,450
	利益剰余金当期首残高	52,300		
	のれん	20,400		

②配当金の修正　なし

③S社当期純利益の非支配株主持分への振り替え

（借）	非支配株主に帰属する当期純利益	3,600	（貸）非支配株主持分当期変動額	3,600

④のれんの償却

（借）	販売費及び一般管理費（のれん償却）	1,200	（貸）のれん	1,200

2．未実現利益の修正（P社土地）

（借）	土地売却益	2,000	（貸）土地	2,000
	非支配株主持分当期変動額	400	非支配株主に帰属する当期純利益	400

3．P社-S社間の相殺消去等

（借）	部品仕入（売上原価）	3,300	（貸）買掛金	3,300
	原材料	3,300	部品仕入（売上原価）	3,300
	支払手形	25,000	借入金	25,000
	前払費用	80	手形売却損	120
	支払利息	40		
	支払利息	1,180	手形売却損	1,180
	買掛金	138,000	売掛金	138,000
	未払金	4,000	未収入金	4,000
	売上高	455,000	仕入（売上原価）	455,000
	売上高	181,500	部品仕入（売上原価）	181,500

4．未実現利益の修正（P社付属機器D）

（借）	利益剰余金当期首残高	7,500	（貸）売上原価	7,500
	非支配株主持分当期首残高	1,500	利益剰余金当期首残高	1,500
	非支配株主に帰属する当期純利益	1,500	非支配株主持分当期変動額	1,500
	売上原価	9,000	製品及び商品	9,000
	非支配株主持分当期変動額	1,800	非支配株主に帰属する当期純利益	1,800

未実現利益の修正（S社部品C）

（借）	利益剰余金当期首残高	750	（貸）売上原価	750
	売上原価	900	原材料	900

5．未実現利益の修正（S社付属機器Dに含まれる部品C）

（借）	利益剰余金当期首残高	750	（貸）売上原価	750
	売上原価	900	製品及び商品	900

（単位：千円）

科目	個別財務諸表 P社	個別財務諸表 S社	連結修正仕訳 借方	連結修正仕訳 貸方	連結財務諸表
貸借対照表					
現金預金	210,000	18,500			228,500
売掛金	325,000	141,000			328,000
製品及び商品	222,500	118,000			330,600
原材料	—	9,000			11,400
仕掛品	—	17,500			17,500
未収入金	34,500	18,000			48,500
前払費用	7,000	—			7,080
土地	125,000	40,000			163,000
建物	90,000	20,000			110,000
建物減価償却累計額	(12,000)	(4,000)			(16,000)
機械装置	18,000	12,000			30,000
機械装置減価償却累計額	(6,000)	(2,000)			(8,000)
（のれん）					19,200
子会社株式	135,000	—			—
資産合計	1,149,000	388,000			1,269,780
支払手形	(60,000)	—			(35,000)
買掛金	(162,000)	(122,000)			(149,300)
借入金	(126,500)	—			(151,500)
未払金	(56,500)	(60,250)			(112,750)
未払法人税等	(15,000)	(1,500)			(16,500)
未払費用	(45,000)	(29,000)			(74,000)
資本金	(230,000)	(75,000)			(230,000)
資本剰余金	(75,000)	(18,750)			(75,000)
利益剰余金	(379,000)	(81,500)			(392,880)
非支配株主持分					(32,850)
負債純資産合計	(1,149,000)	(388,000)			(1,269,780)
損益計算書					
売上高	(1,663,000)	(751,700)			(1,778,200)
売上原価	1,127,000	571,000			1,063,300
販売費及び一般管理費	432,000	155,500			588,700
受取利息	(1,150)	(150)			(1,300)
支払利息	3,170	—			4,390
手形売却損	—	1,300			—
土地売却益	(4,250)	(2,000)			(4,250)
法人税，住民税及び事業税	34,900	8,050			42,950
当期純利益	(71,330)	(18,000)			(84,410)
非支配株主に帰属する当期純利益					2,900
親会社株主に帰属する当期純利益	(71,330)	(18,000)			(81,510)
株主資本等変動計算書					
資本金当期首残高	(230,000)	(75,000)			(230,000)
資本金当期末残高	(230,000)	(75,000)			(230,000)
資本剰余金当期首残高	(75,000)	(18,750)			(75,000)
資本剰余金当期末残高	(75,000)	(18,750)			(75,000)
利益剰余金当期首残高	(329,000)	(63,500)			(332,700)
剰余金の配当	21,330	—			21,330
親会社株主に帰属する当期純利益	(71,330)	(18,000)			(81,510)
利益剰余金当期末残高	(379,000)	(81,500)			(392,880)
非支配株主持分当期首残高					(29,950)
非支配株主持分当期変動額					(2,900)
非支配株主持分当期末残高					(32,850)

省略
※Webページ上の解説をご参照ください。

□ 1つにつき2点。**合計20点。**

応用問題 6

(p.28)

1(1)　P社-S1社間の連結修正仕訳

投資と資本の相殺消去（まとめ）

	借方	金額		貸方	金額
(借)	資本金(当期首残高)	50,000	(貸)	子会社株式	50,000

(2)　P社-S2社間の連結修正仕訳

①投資と資本の相殺消去（まとめ）

	借方	金額		貸方	金額
(借)	資本金(当期首残高)	60,000	(貸)	子会社株式	85,000
	資本剰余金(当期首残高)	40,000		非支配株主持分(当期首残高)	72,000
	利益剰余金(当期首残高)	56,300			
	のれん	700			

②配当金の修正

	借方	金額		貸方	金額
(借)	受取配当金	24,500	(貸)	利益剰余金(剰余金の配当)	35,000
	非支配株主持分(当期変動額)	10,500			

③S2社当期純利益の非支配株主持分への振り替え

	借方	金額		貸方	金額
(借)	非支配株主に帰属する当期純利益	27,000	(貸)	非支配株主持分(当期変動額)	27,000

④のれんの償却

	借方	金額		貸方	金額
(借)	販売費及び一般管理費(のれん償却)	100	(貸)	のれん	100

2(1)　P社-S1社間の相殺消去

	借方	金額		貸方	金額
(借)	未払金	70,000	(貸)	売掛金	70,000
	役務収益	250,000		販売費及び一般管理費(発送費)	250,000
	賃貸資産受取地代	5,000		販売費及び一般管理費(支払地代)	5,000

(2)　P社-S2社間の相殺消去，訂正

	借方	金額		貸方	金額
(借)	買掛金	10,000	(貸)	売掛金	10,000
	借入金	20,000		貸付金	20,000
	未収収益	300		受取利息	300
	未払費用	300		未収収益	300
	受取利息	1,000		支払利息	1,000
	売上高	440,000		原材料仕入(売上原価)	440,000

(3)　S1社-S2社間の相殺消去

	借方	金額		貸方	金額
(借)	役務収益	50,000	(貸)	販売費及び一般管理費(発送費)	50,000
	未払金	14,000		売掛金	14,000

(4)　費用収益の対応

	借方	金額		貸方	金額
(借)	販売費及び一般管理費(発送費)	15 240,000	(貸)	役務原価	240,000

3(1)　未実現利益の修正（P社原材料）

	借方	金額		貸方	金額
(借)	利益剰余金(当期首残高)	3,000	(貸)	売上原価	3,000
	非支配株主持分(当期首残高)	900		利益剰余金(当期首残高)	900
	非支配株主に帰属する当期純利益	900		非支配株主持分(当期変動額)	900
	売上原価	2,000		原材料	2,000
	非支配株主持分(当期変動額)	600		非支配株主に帰属する当期純利益	600

(2)　未実現利益の修正（P社製品に含まれる原材料）

	借方	金額		貸方	金額
(借)	利益剰余金(当期首残高)	7,000	(貸)	売上原価	7,000
	非支配株主持分(当期首残高)	2,100		利益剰余金(当期首残高)	2,100
	非支配株主に帰属する当期純利益	2,100		非支配株主持分(当期変動額)	2,100
	売上原価	10,500		製品	10,500
	非支配株主持分(当期変動額)	3,150		非支配株主に帰属する当期純利益	3,150

4.　未実現利益の修正（S2社土地）

	借方	金額		貸方	金額
(借)	土地売却益	2,000	(貸)	土地	2,000

（単位：千円）

科目	個別財務諸表 P社	個別財務諸表 S1社	個別財務諸表 S2社	連結修正仕訳 借方	連結修正仕訳 貸方	連結財務諸表
貸借対照表						
現金預金	1,268,700	218,400	319,300			1,806,400
売掛金	450,000	187,000	205,200			748,200
製品	380,000	—	37,000			406,500
仕掛品	32,000	15,600	8,900			56,500
原材料	39,800	—	17,600			55,400
未収入金	12,000	—	—			12,000
貸付金	50,000	—	—			30,000
未収収益	500	—	—			500
土地	800,000	—	50,000			848,000
建物	150,000	40,000	80,000			270,000
建物減価償却累計額	(72,000)	(26,000)	(64,000)			(162,000)
備品	50,000	10,000	10,000			70,000
備品減価償却累計額	(40,000)	(8,000)	(6,000)			(54,000)
機械	70,000	—	40,000			110,000
機械減価償却累計額	(35,000)	—	(32,000)			(67,000)
車両	10,000	50,000	8,000			68,000
車両減価償却累計額	(2,000)	(32,000)	(4,000)			(38,000)
(のれん)						600
子会社株式	135,000	—	—			—
資産合計	3,299,000	455,000	670,000			4,161,100
買掛金	(220,600)	(73,200)	(182,500)			(466,300)
借入金	(100,000)	(100,000)	(120,000)			(300,000)
未払金	(180,000)	(50,400)	(54,000)			(200,400)
未払法人税等	(150,000)	(12,000)	(18,000)			(180,000)
未払費用	(400)	(300)	(500)			(900)
前受金	—	(1,100)	—			(1,100)
資本金	(900,000)	(50,000)	(60,000)			(900,000)
資本剰余金	(800,000)	—	(40,000)			(800,000)
利益剰余金	(948,000)	(168,000)	(195,000)			(1,227,650)
非支配株主持分						(84,750)
負債純資産合計	(3,299,000)	(455,000)	(670,000)			(4,161,100)
損益計算書						
売上高	(5,230,600)	—	(2,330,600)			(7,121,200)
役務収益	—	(998,000)	—			(698,000)
売上原価	3,646,100	—	1,734,600			4,943,200
役務原価	—	698,200	—			458,200
販売費及び一般管理費	612,000	223,500	465,200			1,235,800
受取配当金	(24,500)	—	—			—
受取利息	(8,200)	—	—			(7,500)
賃貸資産受取地代	(5,000)	—	—			—
支払利息	2,200	2,300	2,800			6,300
土地売却益	(2,000)	—	—			—
法人税，住民税及び事業税	310,000	22,000	38,000			370,000
当期純利益	(700,000)	(52,000)	(90,000)			(813,200)
非支配株主に帰属する当期純利益						26,250
親会社株主に帰属する当期純利益	(700,000)	(52,000)	(90,000)			(786,950)

連結修正仕訳欄：省略　※Webページ上の解説をご参照ください。

連結株主資本等変動計算書（一部）

利益剰余金当期首残高	790,700	千円
非支配株主持分当期首残高	69,000	千円

□ 1つにつき2点。**合計20点。**

応用問題 7

(p.30)

1(1)　P社-S１社間の連結修正仕訳

①投資と資本の相殺消去（まとめ）

（借）	資本金当期首残高	30,000	（貸）	子会社株式	38,000
	資本剰余金当期首残高	10,000		非支配株主持分当期首残高	4,680
	利益剰余金当期首残高	2,540			
	のれん	140			

②S１社当期純利益の非支配株主持分への振り替え

（借）	非支配株主に帰属する当期純利益	120	（貸）	非支配株主持分当期変動額	120

③のれんの償却

（借）	販売費及び一般管理費（のれん償却）	10	（貸）	のれん	10

(2)　P社-S２社間の連結修正仕訳

①投資と資本の相殺消去（まとめ）

（借）	資本金当期首残高	40,000	（貸）	子会社株式	49,000
	資本剰余金当期首残高	18,000		非支配株主持分当期首残高	13,000
	利益剰余金当期首残高	3,830			
	のれん	170			

②S２社当期純利益の非支配株主持分への振り替え

（借）	非支配株主に帰属する当期純利益	300	（貸）	非支配株主持分当期変動額	300

③のれんの償却

（借）	販売費及び一般管理費（のれん償却）	10	（貸）	のれん	10

2(1)　P社-S１社間の相殺消去

（借）	部品仕入（売上原価）	115	（貸）	買掛金	115
	棚卸資産	115		部品仕入（売上原価）	115
	買掛金	28,000		売掛金	28,000
	売上高	84,410		部品仕入（売上原価）	84,410

(2)　P社-S２社間の相殺消去

（借）	諸資産（当座預金）	1,000	（貸）	売掛金	1,000
	買掛金	28,000		売掛金	28,000
	売上高	85,800		部品仕入（売上原価）	85,800

3．未実現利益の修正（P社部品および製品に含まれている部品）

（借）	利益剰余金当期首残高	1,250	（貸）	売上原価	1,250
	非支配株主持分当期首残高	187		利益剰余金当期首残高	187
	非支配株主に帰属する当期純利益	187		非支配株主持分当期変動額	187
	売上原価	1,440		棚卸資産	1,440
	非支配株主持分当期変動額	216		非支配株主に帰属する当期純利益	216

4．S１社およびS２社貸倒引当金の修正

（借）	貸倒引当金	500	（貸）	利益剰余金当期首残高	500
	利益剰余金当期首残高	50		非支配株主持分当期首残高	50
	貸倒引当金	60		販売費及び一般管理費（貸倒引当金繰入）	60
	非支配株主に帰属する当期純利益	6		非支配株主持分当期変動額	6
	貸倒引当金	550		利益剰余金当期首残高	550
	利益剰余金当期首残高	110		非支配株主持分当期首残高	110
	貸倒引当金	30		販売費及び一般管理費（貸倒引当金繰入）	30
	非支配株主に帰属する当期純利益	6		非支配株主持分当期変動額	6

連結損益計算書

x6年４月１日～x7年３月31日　（単位：千円）

Ⅰ	売上高	（ 871,960 ）
Ⅱ	売上原価	（ **580,130** ）
	売上総利益	（ 291,830 ）
Ⅲ	販売費及び一般管理費	（ **219,710** ）
	営業利益	（ 72,120 ）
Ⅳ	営業外収益	（ **1,684** ）
Ⅴ	営業外費用	（ 1,054 ）
	税金等調整前当期純利益	（ 72,750 ）
	法人税，住民税及び事業税	（ 22,170 ）
	当期純利益	（ 50,580 ）
	非支配株主に帰属する当期純利益	（ **403** ）
	親会社株主に帰属する当期純利益	（ 50,177 ）

連結株主資本等変動計算書

x6年４月１日～x7年３月31日　（単位：千円）

	株主資本 資本金	株主資本 資本剰余金	株主資本 利益剰余金	非支配株主持分
当期首残高	（ 200,000 ）	（ 80,000 ）	（ **63,257** ）	（ 17,653 ）
剰余金の配当			（△ 16,000 ）	
親会社株主に帰属する当期純利益			（ 50,177 ）	
株主資本以外の項目の当期変動額（純額）				（ 403 ）
当期末残高	（ 200,000 ）	（ 80,000 ）	（ 97,434 ）	（ **18,056** ）

連結貸借対照表

x7年３月31日　（単位：千円）

資産	金額	負債・純資産	金額
諸資産	（ **516,000** ）	諸負債	（ 224,500 ）
売掛金	（ 143,000 ）	買掛金	（ **97,115** ）
貸倒引当金	（△ 2,860 ）	資本金	（ 200,000 ）
棚卸資産	（ **60,675** ）	資本剰余金	（ 80,000 ）
（のれん）	（ **290** ）	利益剰余金	（ 97,434 ）
		非支配株主持分	（ 18,056 ）
	（ 717,105 ）		（ 717,105 ）

□ １つにつき２点。**合計20点。**

ウォーミングアップ

1

(1)　連結ワークシート

	支配獲得日 x0.3.31		連4首 x3.4.1		連4末 x4.3.31
資　本　金	[　　　]		[　　　]		
資本剰余金	[　　　]		[　　　]	[　　　]	
利益剰余金	[　　　]	┈┈→ (　　　)	[　　　]	配[　　　] [　　　] ──────→ 当[　　　] [　　　]	[　　　]
	[　　　]		[　　　]	商[　　　]	
[　　]％	[　　　]		↓×[　　]％		
	[　　　]	[　　　]	[　　　]		[　　　]
の　れ　ん	[　　　]	[　　　]	[　　　]	[　　　]	[　　　]

(2)　連結修正に関する仕訳

①投資と資本の相殺消去（まとめ）

借　方　科　目	金　　　額	貸　方　科　目	金　　　額

②配当金の修正

借　方　科　目	金　　　額	貸　方　科　目	金　　　額

③Ｓ社当期純利益の非支配株主持分への振り替え

借　方　科　目	金　　　額	貸　方　科　目	金　　　額

④のれんの償却

借　方　科　目	金　　　額	貸　方　科　目	金　　　額

⑤未実現利益の修正（Ｐ社商品）

借　方　科　目	金　　　額	貸　方　科　目	金　　　額

(3)　連結財務諸表の各勘定科目の金額　　　　（単位：千円）

連結貸借対照表	金　　　額	連結損益計算書	金　　　額
の　れ　ん		の れ ん 償 却	
非支配株主持分		非支配株主に帰属する当期純利益	

2

連結財務諸表の各勘定科目の金額　　（単位：千円）

連結貸借対照表	金　額	連結損益計算書	金　額
の れ ん		のれん償却	
非支配株主持分		非支配株主に帰属する当期純利益	

3

借方科目	金　額	貸方科目	金　額

4

	借方科目	金　額	貸方科目	金　額
(1)				
(2)				
(3)				
(4)				
(5)				
(6)				
(7)				
(8)				

基本問題 1

（単位：千円）

科目	個別財務諸表		連結修正仕訳		連結財務諸表
	P社	S社	借方	貸方	
貸借対照表					
現金預金	341,200	181,200			
売掛金	280,000	300,000			
貸倒引当金	(11,200)	(1,200)			( )
商品	129,000	110,000			
貸付金	100,000	—			
建物	30,000	—			
建物減価償却累計額	(9,000)	—			( )
土地	50,000	—			
( )					
S社株式	250,000	—			
資産合計	1,160,000	590,000			
買掛金	(220,000)	(182,000)			( )
未払法人税等	(40,000)	(2,000)			( )
借入金	—	(100,000)			( )
資本金	(500,000)	(200,000)			( )
資本剰余金	(150,000)	(90,000)			( )
利益剰余金	(250,000)	(16,000)			( )
非支配株主持分					( )
負債純資産合計	(1,160,000)	(590,000)			( )
損益計算書					
売上高	(1,980,000)	(1,200,000)			( )
売上原価	1,300,000	880,000			
販売費及び一般管理費	463,400	306,000			
( )償却					
受取配当金	(2,400)	—			( )
受取利息	(1,000)	—			( )
支払利息	—	1,000			
法人税等	70,000	4,000			
当期純利益	(150,000)	(9,000)			( )
非支配株主に帰属する当期純利益					
親会社株主に帰属する当期純利益	(150,000)	(9,000)			( )
株主資本等変動計算書					
資本金当期首残高	(500,000)	(200,000)			( )
資本金当期末残高	(500,000)	(200,000)			( )
資本剰余金当期首残高	(150,000)	(90,000)			( )
資本剰余金当期末残高	(150,000)	(90,000)			( )
利益剰余金当期首残高	(140,000)	(10,000)			( )
剰余金の配当	40,000	3,000			
親会社株主に帰属する当期純利益	(150,000)	(9,000)			( )
利益剰余金当期末残高	(250,000)	(16,000)			( )
非支配株主持分当期首残高					( )
非支配株主持分当期変動額					( )
非支配株主持分当期末残高					( )

基本問題 2

（単位：千円）

科目	個別財務諸表		連結修正仕訳		連結財務諸表
	P　社	S　社	借　方	貸　方	
貸借対照表					
現金預金	560,000	330,000			
売掛金	960,000	340,000			
商品	740,000	130,000			
未収入金	160,000	26,000			
貸付金	300,000	—			
未収収益	24,000	—			
土地	330,000	72,000			
建物	100,000	—			
建物減価償却累計額	(48,000)	—			(　)
(　)					
S社株式	200,000	—			
資産合計	3,326,000	898,000			
買掛金	(426,000)	(297,000)			(　)
未払法人税等	(36,000)	(13,000)			(　)
借入金	(150,000)	(140,000)			(　)
未払金	(240,000)	(84,000)			(　)
未払費用	(176,000)	(4,000)			(　)
資本金	(452,000)	(200,000)			(　)
資本剰余金	(246,000)	(40,000)			(　)
利益剰余金	(1,600,000)	(120,000)			(　)
非支配株主持分					(　)
負債純資産合計	(3,326,000)	(898,000)			(　)
損益計算書					
売上高	(3,190,000)	(2,185,000)			(　)
売上原価	2,028,000	1,534,000			
販売費及び一般管理費	930,000	576,000			
(　)償却					
受取利息	(10,400)	(1,600)			(　)
支払利息	8,000	3,600			
土地売却益	—	(12,000)			(　)
法人税等	70,000	25,000			
当期純利益	(164,400)	(60,000)			(　)
非支配株主に帰属する当期純利益					
親会社株主に帰属する当期純利益	(164,400)	(60,000)			(　)
株主資本等変動計算書					
資本金当期首残高	(452,000)	(200,000)			(　)
資本金当期末残高	(452,000)	(200,000)			(　)
資本剰余金当期首残高	(246,000)	(40,000)			(　)
資本剰余金当期末残高	(246,000)	(40,000)			(　)
利益剰余金当期首残高	(1,455,600)	(60,000)			(　)
剰余金の配当	20,000	—			
親会社株主に帰属する当期純利益	(164,400)	(60,000)			(　)
利益剰余金当期末残高	(1,600,000)	(120,000)			(　)
非支配株主持分当期首残高					(　)
非支配株主持分当期変動額					(　)
非支配株主持分当期末残高					(　)

基本問題 3

（単位：千円）

科目	個別財務諸表		連結修正仕訳		連結財務諸表
	P　社	S　社	借　方	貸　方	
貸借対照表					
現金預金	120,000	32,500			
売掛金	240,000	110,000			
貸倒引当金	(4,800)	(2,200)			(　　)
商品	185,000	82,500			
未収入金	40,000	6,500			
貸付金	75,000	—			
未収収益	6,000	—			
土地	82,500	18,000			
建物	25,000	—			
建物減価償却累計額	(12,000)	—			(　　)
(　　　)					
S社株式	70,000	—			
資産合計	826,700	247,300			
買掛金	(77,700)	(87,300)			(　　)
未払法人税等	(8,000)	(3,000)			(　　)
借入金	(62,500)	(35,000)			(　　)
未払金	(60,000)	(21,000)			(　　)
未払費用	(44,000)	(1,000)			(　　)
資本金	(113,000)	(50,000)			(　　)
資本剰余金	(61,500)	(10,000)			(　　)
利益剰余金	(400,000)	(40,000)			(　　)
非支配株主持分					(　　)
負債純資産合計	(826,700)	(247,300)			(　　)
損益計算書					
売上高	(797,600)	(546,500)			(　　)
売上原価	507,000	383,500			
販売費及び一般管理費	232,500	144,000			
(　　　)償却					
受取利息	(2,600)	(400)			(　　)
支払利息	2,000	900			
土地売却益	—	(3,000)			(　　)
法人税等	17,600	6,500			
当期純利益	(41,100)	(15,000)			(　　)
非支配株主に帰属する当期純利益					
親会社株主に帰属する当期純利益	(41,100)	(15,000)			(　　)
株主資本等変動計算書					
資本金当期首残高	(113,000)	(50,000)			(　　)
資本金当期末残高	(113,000)	(50,000)			(　　)
資本剰余金当期首残高	(61,500)	(10,000)			(　　)
資本剰余金当期末残高	(61,500)	(10,000)			(　　)
利益剰余金当期首残高	(362,900)	(25,000)			(　　)
剰余金の配当	4,000	—			
親会社株主に帰属する当期純利益	(41,100)	(15,000)			(　　)
利益剰余金当期末残高	(400,000)	(40,000)			(　　)
非支配株主持分当期首残高					(　　)
非支配株主持分当期変動額					(　　)
非支配株主持分当期末残高					(　　)

基本問題 4

（単位：千円）

科　　目	個別財務諸表		連結修正仕訳		連結財務諸表
	P　社	S　社	借　方	貸　方	
貸借対照表					
現金預金	1,020,000	260,000			
売掛金	1,920,000	880,000			
貸倒引当金	(38,400)	(17,600)			(　　)
商品	1,480,000	660,000			
未収入金	320,000	52,000			
貸付金	600,000	—			
未収収益	48,000	—			
土地	660,000	144,000			
建物	200,000	—			
建物減価償却累計額	(96,000)	—			(　　)
(　　)					
S社株式	500,000	—			
資産合計	6,613,600	1,978,400			
買掛金	(385,600)	(810,400)			(　　)
未払法人税等	(300,000)	(12,000)			(　　)
借入金	(500,000)	(280,000)			(　　)
未払金	(480,000)	(168,000)			(　　)
未払費用	(352,000)	(8,000)			(　　)
資本金	(904,000)	(400,000)			(　　)
資本剰余金	(492,000)	(80,000)			(　　)
利益剰余金	(3,200,000)	(220,000)			(　　)
非支配株主持分					(　　)
負債純資産合計	(6,613,600)	(1,978,400)			(　　)
損益計算書					
売上高	(6,890,000)	(4,345,000)			(　　)
売上原価	3,556,000	3,068,000			
販売費及び一般管理費	1,160,000	1,192,000			
営業外収益	(36,800)	(3,200)			(　　)
営業外費用	16,000	7,200			
特別利益	(24,000)	—			(　　)
法人税等	666,000	25,000			
当期純利益	(1,552,800)	(56,000)			(　　)
非支配株主に帰属する当期純利益					
親会社株主に帰属する当期純利益	(1,552,800)	(56,000)			(　　)
株主資本等変動計算書					
資本金当期首残高	(904,000)	(400,000)			(　　)
資本金当期末残高	(904,000)	(400,000)			(　　)
資本剰余金当期首残高	(492,000)	(80,000)			(　　)
資本剰余金当期末残高	(492,000)	(80,000)			(　　)
利益剰余金当期首残高	(2,527,200)	(184,000)			(　　)
剰余金の配当	880,000	20,000			
親会社株主に帰属する当期純利益	(1,552,800)	(56,000)			(　　)
利益剰余金当期末残高	(3,200,000)	(220,000)			(　　)
非支配株主持分当期首残高					(　　)
非支配株主持分当期変動額					(　　)
非支配株主持分当期末残高					(　　)

基本問題 5

連結損益計算書

x5年4月1日～x6年3月31日　　(単位：千円)

Ⅰ 売上高	( )
Ⅱ 売上原価	( )
売上総利益	( )
Ⅲ 販売費及び一般管理費	( )
営業利益	( )
Ⅳ 営業外収益	( )
Ⅴ 営業外費用	( )
経常利益	( )
Ⅵ 特別利益	( )
税金等調整前当期純利益	( )
法人税，住民税及び事業税	( )
当期純利益	( )
非支配株主に帰属する当期純利益	( )
親会社株主に帰属する当期純利益	( )

連結株主資本等変動計算書

x5年4月1日～x6年3月31日　　(単位：千円)

	株主資本			非支配株主持分
	資本金	資本剰余金	利益剰余金	
当期首残高	( )	( )	( )	( )
剰余金の配当			(△)	
親会社株主に帰属する当期純利益			( )	
株主資本以外の項目の当期変動額（純額）				( )
当期末残高	( )	( )	( )	( )

連結貸借対照表

x6年3月31日　　(単位：千円)

資産	金額	負債・純資産	金額
諸資産	( )	諸負債	( )
売掛金	( )	買掛金	( )
貸倒引当金	(△)	資本金	( )
商品	( )	資本剰余金	( )
( )	( )	利益剰余金	( )
		非支配株主持分	( )
	( )		( )

基本問題 6

連結損益計算書

x8年4月1日～x9年3月31日　（単位：千円）

Ⅰ 売上高	（　　）
Ⅱ 売上原価	（　　）
売上総利益	（　　）
Ⅲ 販売費及び一般管理費	（　　）
営業利益	（　　）
Ⅳ 営業外収益	（　　）
Ⅴ 営業外費用	（　　）
税金等調整前当期純利益	（　　）
法人税，住民税及び事業税	（　　）
当期純利益	（　　）
非支配株主に帰属する当期純利益	（　　）
親会社株主に帰属する当期純利益	（　　）

連結株主資本等変動計算書

x8年4月1日～x9年3月31日　（単位：千円）

	株主資本			非支配株主持分
	資本金	資本剰余金	利益剰余金	
当期首残高	（　　）	（　　）	（　　）	（　　）
剰余金の配当			（△　　）	
親会社株主に帰属する当期純利益			（　　）	
株主資本以外の項目の当期変動額（純額）				（　　）
当期末残高	（　　）	（　　）	（　　）	（　　）

連結貸借対照表

x9年3月31日　（単位：千円）

資産	金額	負債・純資産	金額
現金預金	（　　）	買掛金	（　　）
売掛金	（　　）	未払法人税等	（　　）
貸倒引当金	（△　　）	資本金	（　　）
商品	（　　）	資本剰余金	（　　）
貸付金	（　　）	利益剰余金	（　　）
（　　）	（　　）	非支配株主持分	（　　）
	（　　）		（　　）

連 結 損 益 計 算 書

x6年4月1日～x7年3月31日　　（単位：千円）

Ⅰ 売上高	（　　）
Ⅱ 売上原価	（　　）
売上総利益	（　　）
Ⅲ 販売費及び一般管理費	（　　）
営業利益	（　　）
Ⅳ 営業外収益	（　　）
Ⅴ 営業外費用	（　　）
経常利益	（　　）
Ⅵ 特別利益	（　　）
税金等調整前当期純利益	（　　）
法人税，住民税及び事業税	（　　）
当期純利益	（　　）
非支配株主に帰属する当期純利益	（　　）
親会社株主に帰属する当期純利益	（　　）

連結株主資本等変動計算書

x6年4月1日～x7年3月31日　　（単位：千円）

	株主資本			非支配株主持分
	資本金	資本剰余金	利益剰余金	
当期首残高	（　　）	（　　）	（　　）	（　　）
剰余金の配当			（△　　）	
親会社株主に帰属する当期純利益			（　　）	
株主資本以外の項目の当期変動額（純額）				（　　）
当期末残高	（　　）	（　　）	（　　）	（　　）

連 結 貸 借 対 照 表

x7年3月31日　　（単位：千円）

資産	金額	負債・純資産	金額
諸資産	（　　）	諸負債	（　　）
売掛金	（　　）	買掛金	（　　）
貸倒引当金	（△　　）	資本金	（　　）
棚卸資産	（　　）	資本剰余金	（　　）
（　　）	（　　）	利益剰余金	（　　）
		非支配株主持分	（　　）
	（　　）		（　　）

応用問題 1

（単位：千円）

科目	個別財務諸表 P社	個別財務諸表 S社	連結修正仕訳 借方	連結修正仕訳 貸方	連結財務諸表
貸借対照表					
現金預金	460,000	366,000			
売掛金	400,000	200,000			
貸倒引当金	(8,000)	(4,000)			( )
商品	155,000	97,000			
未収入金	30,000	40,000			
貸付金	60,000	—			
未収収益	8,000	—			
土地	12,000	18,000			
建物	30,000	—			
建物減価償却累計額	(9,000)	—			( )
( )					
S社株式	344,000	—			
資産合計	1,482,000	717,000			
買掛金	(170,000)	(100,000)			( )
未払法人税等	(50,000)	(3,000)			( )
借入金	(30,000)	(25,000)			( )
未払金	(20,000)	(28,000)			( )
未払費用	(12,000)	(2,000)			( )
資本金	(800,000)	(400,000)			( )
資本剰余金	(100,000)	(80,000)			( )
利益剰余金	(300,000)	(79,000)			( )
非支配株主持分					( )
負債純資産合計	(1,482,000)	(717,000)			( )
損益計算書					
売上高	(1,258,200)	(609,500)			( )
売上原価	712,000	432,000			
販売費及び一般管理費	182,000	158,000			
営業外収益	(4,200)	—			( )
営業外費用	1,400	1,000			
特別利益	—	(3,000)			( )
法人税等	110,000	6,500			
当期純利益	(257,000)	(15,000)			( )
非支配株主に帰属する当期純利益					
親会社株主に帰属する当期純利益	(257,000)	(15,000)			( )
株主資本等変動計算書					
資本金当期首残高	(800,000)	(400,000)			( )
資本金当期末残高	(800,000)	(400,000)			( )
資本剰余金当期首残高	(100,000)	(80,000)			( )
資本剰余金当期末残高	(100,000)	(80,000)			( )
利益剰余金当期首残高	(193,000)	(67,000)			( )
剰余金の配当	150,000	3,000			
親会社株主に帰属する当期純利益	(257,000)	(15,000)			( )
利益剰余金当期末残高	(300,000)	(79,000)			( )
非支配株主持分当期首残高					( )
非支配株主持分当期変動額					( )
非支配株主持分当期末残高					( )

応用問題 2

（単位：千円）

科目	個別財務諸表		連結修正仕訳		連結財務諸表
	P 社	S 社	借 方	貸 方	
貸借対照表					
現金預金	467,900	270,200			
売掛金	330,000	210,000			
貸倒引当金	(6,600)	(4,200)			( )
商品	40,000	14,000			
未収入金	18,000	20,000			
貸付金	40,000	—			
未収収益	10,500	7,000			
土地	200,000	10,000			
建物	180,000	90,000			
建物減価償却累計額	(54,000)	(27,000)			( )
( )					
S社株式	350,700	—			
資産合計	1,576,500	590,000			
買掛金	(169,000)	(122,000)			( )
未払法人税等	(11,000)	(3,000)			( )
借入金	(30,000)	(10,000)			( )
未払金	(12,000)	(18,000)			( )
未払費用	(6,500)	(5,000)			( )
資本金	(700,000)	(300,000)			( )
資本剰余金	(350,000)	(55,000)			( )
利益剰余金	(298,000)	(77,000)			( )
非支配株主持分					( )
負債純資産合計	(1,576,500)	(590,000)			( )
損益計算書					
売上高	(3,019,500)	(884,000)			( )
売上原価	2,032,520	613,900			
販売費及び一般管理費	905,980	244,600			
営業外収益	(9,000)	—			( )
営業外費用	8,000	2,500			
特別利益	(1,000)	—			( )
法人税等	25,000	7,000			
当期純利益	(58,000)	(16,000)			( )
非支配株主に帰属する当期純利益					
親会社株主に帰属する当期純利益	(58,000)	(16,000)			( )
株主資本等変動計算書					
資本金当期首残高	(700,000)	(300,000)			( )
資本金当期末残高	(700,000)	(300,000)			( )
資本剰余金当期首残高	(350,000)	(55,000)			( )
資本剰余金当期末残高	(350,000)	(55,000)			( )
利益剰余金当期首残高	(270,000)	(66,000)			( )
剰余金の配当	30,000	5,000			
親会社株主に帰属する当期純利益	(58,000)	(16,000)			( )
利益剰余金当期末残高	(298,000)	(77,000)			( )
非支配株主持分当期首残高					( )
非支配株主持分当期変動額					( )
非支配株主持分当期末残高					( )

応用問題 3

（単位：千円）

科目	個別財務諸表		連結修正仕訳		連結財務諸表
	P 社	S 社	借 方	貸 方	
貸借対照表					
現金預金	432,000	325,000			
受取手形	200,000	180,000			
売掛金	400,000	200,000			
商品	148,000	88,000			
未収入金	37,000	30,000			
短期貸付金	56,000	—			
未収収益	11,700	—			
土地	15,000	20,000			
建物	30,000	—			
建物減価償却累計額	(6,000)	—			( )
( )					
S社株式	364,000	—			
資産合計	1,687,700	843,000			
支払手形	(180,000)	(120,000)			( )
買掛金	(136,000)	(110,000)			( )
短期借入金	(40,000)	(10,000)			( )
未払金	(22,000)	(22,000)			( )
未払費用	(9,700)	(3,000)			( )
資本金	(500,000)	(350,000)			( )
資本剰余金	(320,000)	(130,000)			( )
利益剰余金	(480,000)	(98,000)			( )
非支配株主持分					( )
負債純資産合計	(1,687,700)	(843,000)			( )
損益計算書					
売上高	(1,260,000)	(701,000)			( )
売上原価	783,000	543,000			
販売費及び一般管理費	198,000	135,900			
受取利息	(2,800)	—			( )
支払利息	1,300	1,100			
手形売却損	500	—			
土地売却益	—	(2,000)			( )
当期純利益	(280,000)	(23,000)			( )
非支配株主に帰属する当期純利益					
親会社株主に帰属する当期純利益	(280,000)	(23,000)			( )
株主資本等変動計算書					
資本金当期首残高	(500,000)	(350,000)			( )
資本金当期末残高	(500,000)	(350,000)			( )
資本剰余金当期首残高	(320,000)	(130,000)			( )
資本剰余金当期末残高	(320,000)	(130,000)			( )
利益剰余金当期首残高	(230,000)	(75,000)			( )
剰余金の配当	30,000	—			
親会社株主に帰属する当期純利益	(280,000)	(23,000)			( )
利益剰余金当期末残高	(480,000)	(98,000)			( )
非支配株主持分当期首残高					( )
非支配株主持分当期変動額					( )
非支配株主持分当期末残高					( )

応用問題 4

（単位：千円）

科目	個別財務諸表			連結修正仕訳		連結財務諸表
	P 社	S 1 社	S 2 社	借 方	貸 方	
貸借対照表						
現金預金	1,927,900	565,200	644,500			
受取手形	529,200	117,600	—			
売掛金	617,400	480,200	—			
商品	846,000	54,000	—			
原材料	—	—	6,200			
前払費用	124,000	13,000	30,000			
貸付金	500,000	100,000	—			
土地	3,300,000	700,000	—			
建物	4,500,000	500,000	100,000			
建物減価償却累計額	(450,000)	(350,000)	(5,000)			(　　)
備品	800,000	12,000	7,000			
備品減価償却累計額	(240,000)	(2,000)	(700)			(　　)
(　　)						
子会社株式	690,500	—	—			
資産合計	13,145,000	2,190,000	782,000			
支払手形	(314,000)	(98,000)	(158,000)			(　　)
買掛金	(488,600)	(430,000)	(481,430)			(　　)
借入金	(20,000)	—	—			(　　)
未払法人税等	(200,400)	(12,000)	(30,570)			(　　)
前受収益	(18,000)	—	—			(　　)
資本金	(8,000,000)	(600,000)	(40,000)			(　　)
資本剰余金	(2,504,000)	(330,000)	—			(　　)
利益剰余金	(1,600,000)	(720,000)	(72,000)			(　　)
非支配株主持分						(　　)
負債純資産合計	(13,145,000)	(2,190,000)	(782,000)			(　　)
損益計算書						
売上高	(7,006,150)	(2,984,700)	(2,206,205)			(　　)
売上原価	5,013,350	1,974,500	2,005,335			
販売費及び一般管理費	879,500	578,200	98,300			
受取配当金	(68,750)	—	—			(　　)
受取利息	(12,000)	(4,000)	—			(　　)
賃貸資産受取地代	(120,000)	—	—			(　　)
支払利息	6,000	—	—			
手形売却損	50	—	—			
土地売却益	(12,000)	—	—			(　　)
法人税，住民税及び事業税	400,000	76,000	30,570			
当期純利益	(920,000)	(360,000)	(72,000)			(　　)
非支配株主に帰属する当期純利益						
親会社株主に帰属する当期純利益	(920,000)	(360,000)	(72,000)			(　　)
株主資本等変動計算書						
資本金当期首残高	(8,000,000)	(600,000)	(40,000)			(　　)
資本金当期末残高	(8,000,000)	(600,000)	(40,000)			(　　)
資本剰余金当期首残高	(2,504,000)	(330,000)	—			(　　)
資本剰余金当期末残高	(2,504,000)	(330,000)	—			(　　)
利益剰余金当期首残高	(1,180,000)	(485,000)	—			(　　)
剰余金の配当	500,000	125,000	—			
親会社株主に帰属する当期純利益	(920,000)	(360,000)	(72,000)			(　　)
利益剰余金当期末残高	(1,600,000)	(720,000)	(72,000)			(　　)
非支配株主持分当期首残高						(　　)
非支配株主持分当期変動額						(　　)
非支配株主持分当期末残高						(　　)

応用問題 5

（単位：千円）

科目	個別財務諸表		連結修正仕訳		連結財務諸表
	P 社	S 社	借 方	貸 方	
貸借対照表					
現金預金	210,000	18,500			
売掛金	325,000	141,000			
製品及び商品	222,500	118,000			
原材料	—	9,000			
仕掛品	—	17,500			
未収入金	34,500	18,000			
前払費用	7,000	—			
土地	125,000	40,000			
建物	90,000	20,000			
建物減価償却累計額	(12,000)	(4,000)			(　　　)
機械装置	18,000	12,000			
機械装置減価償却累計額	(6,000)	(2,000)			(　　　)
(　　　)					
子会社株式	135,000	—			
資産合計	1,149,000	388,000			
支払手形	(60,000)	—			(　　　)
買掛金	(162,000)	(122,000)			(　　　)
借入金	(126,500)	—			(　　　)
未払金	(56,500)	(60,250)			(　　　)
未払法人税等	(15,000)	(1,500)			(　　　)
未払費用	(45,000)	(29,000)			(　　　)
資本金	(230,000)	(75,000)			(　　　)
資本剰余金	(75,000)	(18,750)			(　　　)
利益剰余金	(379,000)	(81,500)			(　　　)
非支配株主持分					(　　　)
負債純資産合計	(1,149,000)	(388,000)			(　　　)
損益計算書					
売上高	(1,663,000)	(751,700)			(　　　)
売上原価	1,127,000	571,000			
販売費及び一般管理費	432,000	155,500			
受取利息	(1,150)	(150)			(　　　)
支払利息	3,170	—			
手形売却損	—	1,300			
土地売却益	(4,250)	(2,000)			(　　　)
法人税，住民税及び事業税	34,900	8,050			
当期純利益	(71,330)	(18,000)			(　　　)
非支配株主に帰属する当期純利益					
親会社株主に帰属する当期純利益	(71,330)	(18,000)			(　　　)
株主資本等変動計算書					
資本金当期首残高	(230,000)	(75,000)			(　　　)
資本金当期末残高	(230,000)	(75,000)			(　　　)
資本剰余金当期首残高	(75,000)	(18,750)			(　　　)
資本剰余金当期末残高	(75,000)	(18,750)			(　　　)
利益剰余金当期首残高	(329,000)	(63,500)			(　　　)
剰余金の配当	21,330	—			
親会社株主に帰属する当期純利益	(71,330)	(18,000)			(　　　)
利益剰余金当期末残高	(379,000)	(81,500)			(　　　)
非支配株主持分当期首残高					(　　　)
非支配株主持分当期変動額					(　　　)
非支配株主持分当期末残高					(　　　)

応用問題 6

（単位：千円）

科目	個別財務諸表			連結修正仕訳		連結財務諸表
	P　社	S１　社	S２　社	借　方	貸　方	
貸借対照表						
現金預金	1,268,700	218,400	319,300			
売掛金	450,000	187,000	205,200			
製品	380,000	—	37,000			
仕掛品	32,000	15,600	8,900			
原材料	39,800	—	17,600			
未収入金	12,000	—	—			
貸付金	50,000	—	—			
未収収益	500	—	—			
土地	800,000	—	50,000			
建物	150,000	40,000	80,000			
建物減価償却累計額	(72,000)	(26,000)	(64,000)			(　)
備品	50,000	10,000	10,000			
備品減価償却累計額	(40,000)	(8,000)	(6,000)			(　)
機械	70,000	—	40,000			
機械減価償却累計額	(35,000)	—	(32,000)			(　)
車両	10,000	50,000	8,000			
車両減価償却累計額	(2,000)	(32,000)	(4,000)			(　)
(　)						
子会社株式	135,000	—	—			
資産合計	3,299,000	455,000	670,000			
買掛金	(220,600)	(73,200)	(182,500)			(　)
借入金	(100,000)	(100,000)	(120,000)			(　)
未払金	(180,000)	(50,400)	(54,000)			(　)
未払法人税等	(150,000)	(12,000)	(18,000)			(　)
未払費用	(400)	(300)	(500)			(　)
前受金	—	(1,100)	—			(　)
資本金	(900,000)	(50,000)	(60,000)			(　)
資本剰余金	(800,000)	—	(40,000)			(　)
利益剰余金	(948,000)	(168,000)	(195,000)			(　)
非支配株主持分						(　)
負債純資産合計	(3,299,000)	(455,000)	(670,000)			(　)
損益計算書						
売上高	(5,230,600)	—	(2,330,600)			(　)
役務収益	—	(998,000)	—			(　)
売上原価	3,646,100	—	1,734,600			
役務原価	—	698,200	—			
販売費及び一般管理費	612,000	223,500	465,200			
受取配当金	(24,500)	—	—			(　)
受取利息	(8,200)	—	—			(　)
賃貸資産受取地代	(5,000)	—	—			(　)
支払利息	2,200	2,300	2,800			
土地売却益	(2,000)	—	—			(　)
法人税，住民税及び事業税	310,000	22,000	38,000			
当期純利益	(700,000)	(52,000)	(90,000)			(　)
非支配株主に帰属する当期純利益						
親会社株主に帰属する当期純利益	(700,000)	(52,000)	(90,000)			(　)

連結株主資本等変動計算書（一部）

利益剰余金当期首残高	千円
非支配株主持分当期首残高	千円

応用問題 7

連結損益計算書

x6年4月1日～x7年3月31日　　(単位：千円)

Ⅰ 売上高	(　　　)
Ⅱ 売上原価	(　　　)
売上総利益	(　　　)
Ⅲ 販売費及び一般管理費	(　　　)
営業利益	(　　　)
Ⅳ 営業外収益	(　　　)
Ⅴ 営業外費用	(　　　)
税金等調整前当期純利益	(　　　)
法人税，住民税及び事業税	(　　　)
当期純利益	(　　　)
非支配株主に帰属する当期純利益	(　　　)
親会社株主に帰属する当期純利益	(　　　)

連結株主資本等変動計算書

x6年4月1日～x7年3月31日　　(単位：千円)

	株主資本			非支配株主持分
	資本金	資本剰余金	利益剰余金	
当期首残高	(　　)	(　　)	(　　)	(　　)
剰余金の配当			(△　　)	
親会社株主に帰属する当期純利益			(　　)	
株主資本以外の項目の当期変動額（純額）				(　　)
当期末残高	(　　)	(　　)	(　　)	(　　)

連結貸借対照表

x7年3月31日　　(単位：千円)

資産	金額	負債・純資産	金額
諸資産	(　　)	諸負債	(　　)
売掛金	(　　)	買掛金	(　　)
貸倒引当金	(△　　)	資本金	(　　)
棚卸資産	(　　)	資本剰余金	(　　)
(　　)	(　　)	利益剰余金	(　　)
		非支配株主持分	(　　)
	(　　)		(　　)